本书是 2015 年安徽省社科普及规划项目"话说五大发展理念——以安徽经济社会发展为例"(编号:DZ2015001)的最终成果,2018 年安徽省级名师工作室项目和 2019 年安徽省高校思想政治工作领军人才队伍建设项目(编号:sztsjh2019-8-12)的阶段性成果,获得了阜阳师范大学一流建设学科"马克思主义理论"(编号:19XJS0305)资助。

新发展理念

在安徽的生动实践研究

朱宗友　朱振辉　李全文　等著

天津出版传媒集团

天津人民出版社

图书在版编目(ＣＩＰ)数据

新发展理念在安徽的生动实践研究 / 朱宗友,朱振辉,李全文等著. -- 天津：天津人民出版社,2020.7
ISBN 978-7-201-16329-1

Ⅰ.①新… Ⅱ.①朱… Ⅲ.①区域经济发展—研究—安徽 Ⅳ.①F127.54

中国版本图书馆 CIP 数据核字(2020)第 141438 号

新发展理念在安徽的生动实践研究
XINFAZHANLINIAN ZAI ANHUI DE SHENGDONG SHIJIAN YANJIU

出　　版	天津人民出版社
出 版 人	刘　庆
地　　址	天津市和平区西康路35号康岳大厦
邮政编码	300051
邮购电话	(022)23332469
电子信箱	reader@tjrmcbs.com

策划编辑	武建臣
责任编辑	王佳欢
特约编辑	武建臣
封面设计	汤　磊

印　　刷	天津新华印务有限公司
经　　销	新华书店
开　　本	710毫米×1000毫米　1/16
印　　张	14.75
插　　页	2
字　　数	210千字
版次印次	2020年7月第1版　2020年7月第1次印刷
定　　价	68.00元

目　录

导　论

一、本书的意义和价值

（一）选题意义和价值

1.有助于提供破解发展困局的新思路。当前，我国经济社会发展步入新常态，改革进入深水区和攻坚阶段。经验表明这一时期既是战略机遇期也是矛盾凸显叠加期，我国发展面临诸多新的矛盾和问题，客观上需要新的发展理论释难解疑。通过本书的研究将有助于人们正确认识这些矛盾和问题，树立实现全面建成小康社会的必胜信心。

2.有助于推进五大发展理念大众化。科学的理论需要传播教育才能为民众理解和把握。五大发展理念反映了党对经济社会发展规律认识的深化，是党带领全国人民决胜全面建成小康社会的思想武器。通过本书的研究推动五大发展理念的宣传和普及，促使这些发展理念深入公众内心，民众只有理解、认同和把握五大发展理念，才能在全社会范围内达成发展新共识。

3.有助于提神聚能实现富民强省。当前安徽省的综合实力在全国仍处于中上阶段，崛起发展是安徽省的第一要务，加快发展离不开民众社科素质的普遍提升。本书的研究旨在使人们明晰五大发展理念的内涵、实质及对自身生产生活的意义和价值，丰富公众的社科理论知识，进而为"三个强省"建设提供不可或缺的智力支持和思想保证。

(二)目前省内外相关研究基本情况

省内关于五大发展理念的研究状况如下：

1.用五大发展理念引领工作。省委政法委提出要坚持用五大发展理念引领政法工作，注重将政法工作与全面建成小康社会的目标要求相衔接、与省委"调转促"的部署要求相衔接。宣城提出，用"五大发展理念"引领"多彩宣城"新发展。颖上提出树立绿色发展新理念，构建五大生态新体系。

2.把五大发展理念与制定"十三五"规划结合。省委原书记王学军在省委中心组理论学习会议上强调，要深刻理解五大发展理念的精神实质，切实增强贯彻落实的自觉性和坚定性，要坚持以五大发展理念为指引，深度谋划安徽省"十三五"发展。紧紧围绕全面建成小康社会这一奋斗目标，牢牢把握五大发展理念这一主线，科学制定贯彻中央要求、符合安徽省实际、顺应人民期待的发展蓝图。

3.把学习贯彻五大发展理念与城市建设紧密结合。合肥市提出要践行五大发展理念，建设"四个富有"(富有实力的新型工业化城市、富有活力的创新创业城市、富有魅力的山水园林城市、富有向心力的人民满意城市)城市的新要求。阜阳市提出以"五大理念"推动新常态下新发展，落实到阜阳"皖北争一流、全省赶平均、同步达小康"宏伟蓝图中。亳州市则提出，要牢固树立五大发展理念，科学谋划"十三五"的发展目标、发展动力、发展布局，奋力推进"活力亳州、美丽亳州、幸福亳州"现代化建设。

省外关于五大发展理念的研究状况如下：

1.关于五大发展理念的意义研究。刘云山从维护和用好我国发展的重要战略机遇期、协调推进"四个全面"战略布局、适应和引领经济发展新常态、党的理论创新的发展历程等方面阐述了五大发展理念的理论意义和实践意义。胡鞍钢认为，五大发展理念是中国的发展经济学。《实践》（思想理论版）刊文认为，"五大发展"理念是治国理政理念的最新概括。

2.关于五大发展理念提出的背景研究。施芝鸿对五大发展理念提出的背景作了深入探讨，他认为五大发展理念是在全面建成小康社会决胜阶段为解决我国发展中的突出矛盾和问题应运而生的，集中反映了我们党对我国经济社会发展规律认识的深化。五大发展理念同引领我国经济发展新常态相适应，同实现"十三五"时期全面建成小康社会新的目标要求相契合，同人民群众热切期盼在发展中有更多获得感的新期待相呼应，是对我国改革开放以来发展经验的深刻总结，也是对我国发展理论的又一次重大创新。

3.关于如何贯彻落实五大发展理念的研究。胡春华提出，"十三五"时期，要坚持以五大发展理念引领和指导广东发展，努力在新常态下继续走在发展前列。《浙江日报》评论员文章指出，"八八战略"完全契合五大发展理念的精神要旨，系统完整地体现着五大发展理念的本质要求和精神品格，是五大发展理念在浙江的先行实践，是浙江贯彻落实五大发展理念的总方略和总路径。刘复在《当代广西》中刊文指出，南宁正以五大发展理念引领新局面。

以上理论界学术界关于五大发展理念的研究，主要是从五大发展理念提出的背景、意义以及如何贯彻落实的方式路径等方面进行的。这对于人们认识、理解和把握五大发展理念具有十分重要的意义和价值。同时也不难发现，这些研究在一定程度上表现出"高""大""上"的特点。因此，如何将五大发展理念与各地发展实际相结合，使五大发展理念的阐释更通俗易懂、宣传更接地气，是摆在广大理论工作者和研究工作者面前的一项重要任务。本书以五大发展理念为指导，在研究安徽省发展实际的基础上，形成适应安徽省

新发展理念在安徽的生动实践研究

发展实际的理论新思考。

二、本书的基本思路和主要观点

（一）研究思路

本书将以问题为导向，立足于安徽面向全国，着力回答如何加速安徽经济崛起、完善依法治省、构建良好的政治生态、建立充满活力的文化事业、打造宜业宜居的生态环境等问题，指出必须以新发展理念为引领来布局谋划，正确应对我们面临的各种矛盾和问题。以案例、数据、图表等形式解读五大发展理念的科学内涵及现实意义，旨在使广大民众提升社科素养达成发展共识，夺取全面实现安徽小康社会的伟大胜利。

（二）基本观点

"十三五"时期是全面建成小康社会的关键时期，实现百年梦想必须坚持创新、协调、绿色、开放、共享的发展理念。阐释五大发展理念的基本内涵，着力提升民众的社科素养，正确认识积极应对安徽发展中面临的矛盾问题和挑战，形成创新发展的基本思路，使这些成为我们共建美丽安徽的职责与担当。

第一章

加速崛起奔小康：
创新是引领安徽发展的第一动力

我们必须把创新作为引领发展的第一动力，把人才作为支撑发展的第一资源，把创新摆在国家发展全局的核心位置，不断推进理论创新、制度创新、科技创新、文化创新等各方面创新，让创新贯穿党和国家一切工作，让创新在全社会蔚然成风。

——2015 年 10 月 29 日，习近平在党的十八届五中全会第二次全体会议上的讲话

在各种重要的会议和场合，党和国家领导人多次强调创新的重要作用和意义。创新是一个民族和一个国家不断发展的源泉和动力，离开创新，整个民族和国家就会死气沉沉、缺乏动力，抓住了创新，就抓住了社会经济发展的"牛鼻子"。近年来，安徽省在创新发展方面既有成绩，也有不足，找到安徽创新发展不足的深层次原因并提出问题的解决办法，对于安徽社会经济发展来说至关重要。

第一节　安徽创新发展取得的成就和面临的问题与挑战

一、安徽创新发展取得的成就

近年来,安徽省在社会经济发展中注重创新的驱动力量,在创新型安徽建设方面取得了明显的效果和显著的成绩,2018 年、2019 年,安徽省在全国区域创新能力排名中连续两年跃居第 10 位,超过福建、陕西、河南等省。①

据安徽省统计局数据显示,2015 年,全省研究与试验发展经费达 432 亿元,是 2010 年的 2.6 倍,年均增长 21.4%,相当于国内生产总值(GDP)的比例由 1.32%提高到 1.96%。发明专利申请量、授权量分别由 6396 件、1111 件增加到 68314 件和 11180 件,居全国第 5 位和第 7 位。截至 2015 年底,全省拥有有效发明专利 2.6 万件,每万人口有效发明专利拥有量 4.3 件。高新技术企业发展到 3157 家,比 2010 年增加 1834 家。高新技术产业增加值占国内生产总值的比重由 13.1%提高到 16.7%。5 年间,取得省部级以上重大科技成果 4103 项,技术市场成交金额 642 亿元,分别为"十一五"的 1.2 倍和 4 倍。区域创新能力由居全国第 15 位跃至第 9 位、中部第 1 位。②从这组数据来看,"十二五"期间安徽在科技创新领域的资金投入、专利发明与授权、高新

---

① 中国科技发展战略研究小组、中国科学院大学中国创新创业管理研究中心:《中国区域创新能力评价报告 2018》,科学技术文献出版社,2018 年,第 7 页;中国科技发展战略研究小组、中国科学院大学中国创新创业管理研究中心:《中国区域创新能力评价报告 2019》,科学技术文献出版社,2019 年,第 20 页。

② 安徽省统计局:《砥砺奋进　实现转型发展新成就——"十二五"全省经济社会发展系列分析之一》,来源于安徽省统计局网站,网址:http://tjj.ah.gov.cn/ssah/qwfbjd/fxjd/113612501.html。

企业技术规模和产值都较"十一五"有了较大的增长，说明安徽省在科技创新领域成绩斐然。以阜阳市为例，2015年年末有高新企业81家。全年高新技术产业产值266.0亿元，比上年增长18.3%；战略性新兴产业产值增长33.6%。全年专利申请量7393件，增长70.7%。其中，发明专利3701件，实用新型专利2912件，外观设计780件。全年专利授权量2614件，比上年增长99.5%。其中，发明专利541件，实用新型专利1576件，外观设计专利497件。①为了推动安徽的创新发展，近年来，安徽省普遍开展产学研合作工作，有效地推动了安徽社会经济的快速发展。围绕合芜蚌自主创新综合试验区和国家技术创新工程试点省建设，安徽省创新办领导组成员单位充分依托展会对接和网络视频，精心打造产学研合作和引技、引智、引资综合平台，吸引了越来越多的企业和高校院所参与。据不完全统计，该平台自2009年9月开通以来，网站科技成果与需求库已收集高校院所科技成果2000多项，入库企业技术难题和技术需求300多项，企业、高校、科研机构等产学研机构1200多家，并有20多项科研成果通过该平台对接落实。目前，该平台访问量近8万人次，成为安徽省产学研合作"永不落幕的网上交易会"。②

表1-1 2015年1—5月安徽省高新技术产业统计表

	高新技术产业增加值（亿元）		高新技术产业总产值（亿元）	
	1—5月	比上年增长%	1—5月	比上年增长%
合肥市	503.5	15.8	2092.8	15.4
淮北市	46.3	2.8	187.0	2.1
亳州市	27.8	10.2	107.4	11.5
宿州市	19.8	17.2	81.1	14.8
蚌埠市	101.8	18.7	387.3	15.9
阜阳市	25.2	17.4	105.0	14.7

① 阜阳市统计局：《2015年阜阳市国民经济和社会发展统计公报》，来源于阜阳新闻网，网址：http://www.fynews.net/article-120951-1.html.

② 张弘、陈泰：《产学研合作：安徽创新发展的原动力》，《安徽科技》，2011年第6期。

续表

	高新技术产业增加值(亿元)		高新技术产业总产值(亿元)	
	1—5月	比上年增长%	1—5月	比上年增长%
淮南市	8.0	−31.2	32.0	−39.3
滁州市	99.3	15.3	418.0	13.8
六安市	36.1	10.9	141.9	8.1
马鞍山市	70.1	7.8	309.4	2.1
芜湖市	280.1	10.7	1207.9	10.5
宣城市	58.0	16.6	222.3	14.8
铜陵市	65.3	5.0	319.5	0.6
池州市	25.7	41.9	108.0	47.3
安庆市	44.4	6.7	178.2	6.0
黄山市	16.5	3.7	65.6	1.3
合计	1427.9	12.8	5963.4	11.3

资料来源:安徽省科学技术厅《2015年1—5月安徽省高新技术产业统计快报》,网址: http://kjt.ah.gov.cn/public/21671/110162291.html。

表1-2　2015年安徽省各市规模以上高新技术产业总产值及增加值

单位:亿元

市名	增加值	总产值
合肥市	1257.2	5217.1
淮北市	116.4	467.8
亳州市	76.1	294.9
宿州市	44.6	181.2
蚌埠市	252.3	964.8
阜阳市	64.4	266.0
淮南市	23.7	98.4
滁州市	285.2	1196.3
六安市	90.7	356.1
马鞍山市	178.2	776.0
芜湖市	732.8	3143.7
宣城市	152.9	584.6
铜陵市	167.9	820.0

第一章 加速崛起奔小康：创新是引领安徽发展的第一动力

续表

市名	增加值	总产值
池州市	66.9	282.3
安庆市	123.8	496.6
黄山市	42.5	168.3
合计	3680.8	15313.8

* 增加值采用全省行业平均增加值率计算。

资料来源：安徽省科技厅《2015 年安徽省高新技术产业统计公报》，网址：http://kjt.ah.gov.cn/public/21671/110162491.html。

表 1-3 安徽省技术转移服务机构备案目录（截至 2019 年 12 月 25 日）

序号	机构名称	备注
1	中国科学技术大学技术转移中心	国家技术转移示范机构
2	中科院合肥技术转移中心	国家技术转移示范机构
3	合肥工业大学技术转移中心	国家技术转移示范机构
4	安徽省科技研究开发中心	国家技术转移示范机构（中国创新驿站安徽区域站点）
5	安徽省新技术推广站	国家技术转移示范机构
6	合肥市科技创新公共服务中心	国家技术转移示范机构
7	安徽农业大学技术转移中心	国家技术转移示范机构
8	安徽三祥技术转移中心	国家技术转移示范机构
9	安徽省科技成果转化服务中心	国家技术转移示范机构
10	合肥科技创新创业服务中心	国家技术转移示范机构
11	芜湖市产业创新中心	国家技术转移示范机构（中国创新驿站安徽基层站点）
12	蚌埠化工技术转移中心	国家技术转移示范机构
13	蚌埠市科技情报研究所	国家技术转移示范机构（中国创新驿站安徽基层站点）
14	安徽大学技术转移中心	
15	安徽省农业科学院技术转移中心	
16	安徽省科学技术情报研究所	
17	安徽省对外科技交流中心	
18	安徽省科技创新服务中心	2019 年度更名

新发展理念在安徽的生动实践研究

序号	机构名称	备注
19	安徽智能交通(ITS)技术转移中心	
20	安徽省工业红外测温技术转移中心	
21	安徽省国防科技情报研究所	
22	安徽省水利技术转移中心	
23	安徽省林业技术转移中心	
24	淮北市生产力促进中心	
25	亳州市科技创业服务中心	
26	宿州科技企业创业服务中心	
27	蚌埠市技术转移中心	
28	中国玻璃发展中心(安徽)技术转移中心	
29	阜阳市科技情报研究所	
30	淮南市科学技术情报研究所	
31	安徽理工大学技术转移中心	
32	滁州市技术转移中心	
33	六安市技术转移中心	
34	舒城县中小企业服务中心	
35	马鞍山市科技成果转移转化服务中心	中国创新驿站安徽基层站点 (2019年度更名)
36	安徽工业大学冶金技术转移中心	
37	安徽工程大学技术转移中心	
38	铜陵市生产力促进中心	中国创新驿站安徽基层站点
39	安庆市科技开发中心	
40	桐城市生产力促进中心	
41	黄山市技术转移服务中心	
42	合肥通用机械研究院	2017年度新增
43	安徽工业技术创新研究院	2017年度新增
44	合肥工业大学智能制造技术研究院	2017年度新增
45	安徽联合技术产权交易所有限公司	2017年度新增
46	安徽博士鸿创科技有限公司	2017年度新增
47	合肥徽通策略信息科技有限公司	2017年度新增
48	合肥科捷通科技信息服务有限公司	2017年度新增
49	卧涛科技有限公司	2019年度更名

续表

序号	机构名称	备注
50	安徽创新馆服务管理中心	2019 年度新增
51	安徽德普技术咨询有限责任公司	2019 年度新增
52	界首市科技型中小企业生产力促进中心有限公司	2019 年度新增
53	安徽智联高科生产力促进中心有限公司	2019 年度新增
54	宣城市生产力促进中心	2019 年度新增

数据来源：安徽省科技厅《安徽省技术转移服务机构备案目录》，网址：http://kjt.ah.gov. cn/kjzy/kjsj/cxpt/109276991.html。

除了在技术创新与转移方面有着突出的成绩之外，安徽在管理和制度创新方面也有很好的成绩，如在农村改革领域、以企业改革为核心的城市改革领域、战略平台建设领域、财政金融改革领域、医疗卫生改革领域等。①

安徽近年来在创新发展方面的成绩有目共睹，国家主席习近平也曾给予高度赞誉。2016 年 4 月 26 日上午，习近平来到中国科技大学先进技术研究院，观看了高新技术企业科技成果集中展示。习近平对中国科技大学研究人员在量子通信研发工作上取得的成绩给予了充分的肯定，说："很有前途、非常重要。"习近平表示，这些科研成果表明你们在新兴产业发展方面动作快、力度大、成绩明显。②

二、安徽创新发展面临的问题与挑战

2015 年 1 月 26 日，省长王学军在安徽省第十二届人民代表大会第四次会议上作政府工作报告时指出，目前，安徽省经济社会发展面临着许多矛盾和问题，诸如经济下行压力较大，投资增速持续回落，新的增长动力不足。结构不优的矛盾进一步凸显，部分传统产业产能利用率不高、竞争力不强，战略

---

① 郭万清：《创新崛起：安徽发展的经济学思考》，《安徽日报》，2014 年 6 月 16 日。
② 杜尚泽：《习近平考察中国科技大学》，《人民日报》，2016 年 4 月 27 日。

性新兴产业规模不大,服务业发展滞后。资源要素约束加剧,信贷资金向实体经济传导不畅,企业生产经营困难增多,等等。就创新发展方面的问题,总结起来有以下三点:

（一）人口发展方面问题凸显

人口是社会经济发展基本资源和主要支撑条件，也是创新发展的基础所在,但是近年来安徽在人口发展方面遇到一些困境。

首先是由于多年来的人口低生育状况导致了安徽劳动年龄人口数逐渐下降。据相关报道,2013 年安徽省 15~64 岁人口达 4287.8 万人,占总人口的71.11%,比第六次人口普查下降 0.89 个百分点,全省人口总抚养系数由第六次人口普查时的 38.89% 提高到 2013 年的 40.63%。这也意味着,每 100 个劳动年龄人口要负担近 41 个非劳动年龄人口。[①]

其次是安徽人口外流现象突出,尤其是青壮年人口的流失。如 2013 年第二季度全省外出农民工总数为 1152 万人，比一季度多 36.9 万人，增加3.3%。其中,举家外出总户数 229.5 万户,总人数达到 844.1 万人,占外出总数的 73.3%。外出农民工中,有 842.7 万人流向省外,占 73.1%。[②] 2015 年安徽外出农民工同比增长 3.9%。[③]从各地外出人口的流量分布来看,以 2010 年数据为例,阜阳市外出人口超达 300.1 万,约占全省外出人口总量的五分之一,其次为六安市 187.8 万,合肥市 173.9 万,三市外出人口合计约占全省的

---

① 董艳芬:《安徽劳动年龄人口占比下降,社会负担有所加重》,《市场星报》,2014 年 3 月 3 日。

② 国家统计局安徽调查总队:《二季度安徽农民工外出数量继续增加》,2013 年 7 月 18 日发布,网址:http://www.ahdc.gov.cn/web/view?strId=e162411ef8794a66b8d73e9a89f9f4e4&strColId=dffe6cc990a74da9904117911e9112aa&strWebSiteId=8ced4cf95fd8406fba69284370440ab8。

③ 国家统计局安徽调查总队:《2015 年安徽外出农民工同比增长 3.9%》,2016 年 3 月 17 日发布,网址:http://www.ahdc.gov.cn/web/view?strId=5344d1fcc0a540b69ea2f371472d52cd&strColId=dffe6cc990a74da9904117911e9112aa&strWebSiteId=8ced4cf95fd8406fba69284370440ab8。

四成以上。①人口的外流导致安徽企业用工成本出现增长的趋势。据人口学者研究，安徽的人口流动还有流动预期时间长的特征，也就是在流入地的平均居住时间较长，研究指出安徽省 2010 年和 2013 年的平均流动预期时间分别为 16.3 年和 18 年。从时间维度上看，呈现上升趋势，并显著高于 2010 年全国 10.8 年的平均水平。②这就意味着很长时期内安徽省人口外流现象越来越严重，影响安徽的社会经济发展。

最后是人口老龄化问题严重，老人生活质量低下。早在 1998 年安徽就进入老年化社会，比全国跨入老年化社会的时间早两年。有数据表明，安徽 65 岁及以上人口占比由"五普"时的 7.6%、"六普"时的 10.2% 上升到 2013 年的 10.8%。③有学者通过对安徽老龄人口进行问卷调查发现，老龄人口的生活质量比较低，尤其是农村的老龄人口的生活质量更低，研究指出这个结论"反映了终身的经济劣势与职业压力的累计效应，而低教育水平和低预期寿命进一步恶化了其生存状况"④。

(二)经济增速减慢，经济结构性矛盾及增长模式矛盾突出

2001—2010 年的 10 年"黄金增长"期已经过去，自 2011 年开始经济增长速度放慢已经成为我国经济发展的新常态，安徽省也不例外，从安徽统计局于 2012 年 8 月 29 日发布的《上半年安徽 PPI 稳步回落 宏观经济增速放缓是主因》、2013 年 3 月 24 日发布的《2012 年安徽固定资产投资价格涨幅逐季走低》等统计数据中可管窥一二。

第一，安徽省在投资和消费比例上失调。自 2005 年开始，安徽省的投资

① 褚斌：《安徽外出流动人口分析》，《中国统计》，2013 年第 4 期。
② 余盼、田飞：《安徽人口的流动预期时间分析》，《人口与社会》，2015 年第 3 期。
③ 郭万清：《创新崛起：安徽发展的经济学思考》，《安徽日报》，2014 年 6 月 16 日。
④ 李钧鹏：《安徽农村老龄人口的生活质量：对主观评测数据的分析》，《西北人口》，2011 年第 3 期。

率急剧攀升,逐渐拉小与全国投资率的差距,2006 年已经大幅超越全国投资率水平。[①]与投资率高相矛盾地是居民消费水平持续走低。据专家分析,安徽的城镇化率从 2000 年的 28% 上升到了 2012 年的 46.5%,年均提高 1.54 个百分点。与全国城镇化率的平均水平的差距也从 8.2 个百分点,缩小到 6.1 个百分点。但是居民消费率并没有随着城镇化率的上升而走高。统计数据显示,2000—2011 年间,安徽城市化率提高了 16.8 个百分点,但同期居民消费率却由 2000 年的 37.1% 下降到 2011 年的 33%,低于全国 2011 年的 38.9%。[②]安徽省扩大消费所遇到的问题有哪些呢? 大致来说有以下五个方面:一是居民收入水平较低且增长不够快,缺乏消费能力;二是城镇化水平低、农村人口多,抑制消费需求;三是预期支出不确定,削弱消费预期;四是物价尤其是食品类物价持续上涨,制约消费扩张;五是消费环境需要改善,影响消费增长。[③]

第二,产能过剩与需求不足问题凸显。近年来,安徽省通过多种举措化解过剩产能,取得了一定成效,但受产业结构制约,煤炭、钢铁、有色、水泥等传统能源行业去产能形势仍较为严峻;同时在市场刚性需求减弱的背景下,家电、汽车、电子信息等具有比较优势的领域产能利用不足问题也开始显现。[④]

第三,资源环境形势严峻。"十二五"期间,安徽省的水污染防治任务依然艰巨,巢湖、淮河流域水质距离水环境功能区划目标还有一定的差距;农业资源污染治理迫在眉睫;城乡环境质量有待进一步改善;部分区域存在生

---

① 高莉莉:《安徽省投资效率分析》,《现代商贸工业》,2008 年第 12 期。
② 《安徽城镇化水平急剧加速 居民消费率 11 年却下降 4.1%》,《市场星报》,2013 年 7 月 1 日。
③ 于勇:《扩大消费,加快安徽经济发展方式转变》,《江淮论坛》,2011 年第 2 期。
④ 张韶春:《发挥去产能牵引作用推动供给侧结构性改革》,《安徽日报》,2016 年 4 月 11 日。

态功能退化现象,等等。[1] 2018 年,安徽省的废气中主要污染物排放量为 111.05 万吨,位居全国第 18 位;每亿元 GDP 废气中主要污染物排放量为 45.5 吨/亿元,位居全国第 15 位;废气中主要污染物排放量增长率为-23.49%,位居全国第 11 位。[2]到 2019 年,该项指标数据有明显增长趋势[3],环境污染程度加重。习近平指出:"我们既要绿水青山,也要金山银山。宁要绿水青山,不要金山银山,而且绿水青山就是金山银山。"安徽的发展也要秉承这一发展理念,不能造成生态失衡和环境污染等问题。

第四,城乡、区域经济发展失衡。《安徽蓝皮书:安徽社会发展报告(2016)》指出,受城乡二元分割的经济社会体制影响,安徽省城市和农村发展差距非常明显,农村经济社会发展水平相对较低。2015 年,安徽城镇居民人均可支配收入 26936 元,农村居民人均可支配收入 10821 元,城镇居民可支配收入是农村居民的近 2.5 倍。2014 年安徽城镇居民人均消费性支出 16107 元,农村仅为 7981 元,差距仍然十分明显。[4]安徽省的区域发展也面临着不平衡的状况。据《安徽城市发展研究报告(2016)》,皖江城市带经济实力最强,合肥经济圈次之,皖北城市群最弱。《安徽县域经济竞争力报告(2016)》又称,安徽省县域经济发展不平衡,亟待缩小差距协同发展,产业结构有待优化升级。县域间发展水平差异不利于县域经济协调发展,会影响到安徽省经济整体发展实力。

①　安徽省环境保护厅:《安徽省"十二五"环境保护规划》,2014 年 1 月 9 日。

②　中国科技发展战略研究小组、中国科学院大学中国创新创业管理研究中心:《中国区域创新能力评价报告 2018》,科学技术文献出版社,2018 年,第 236~237 页。

③　中国科技发展战略研究小组、中国科学院大学中国创新创业管理研究中心:《中国区域创新能力评价报告 2019》,科学技术文献出版社,2019 年,第 252~253 页。

④　《安徽蓝皮书:安徽社会发展报告(2016)》,社会科学文献出版社,2016 年,第 16~17 页。

（三）粗放型、低效率的增长模式难以适应新的经济发展形势

长期以来,安徽省的经济发展主要靠粗放型、低效率的模式来推动经济发展,但是这种经济发展模式越来越不适应新的经济环境。2014 年与 2015年连续两年安徽省 GDP 排名全国第 14 位,人均 GDP 则排在第 26 位,处在全国的中等偏下水平。[1] 2018 年人均 GDP 为 39561 元, 位居全国第 25 位[2];2019 年人均 GDP 为 43401.36 元,位居全国第 24 位[3],虽有提升,但仍居全国末位。由此可见,安徽过去依靠多投入、多消耗的经济发展方式无法继续进行下去,迫切需要转变经济发展模式。

第二节　正确看待安徽在发展过程中创新不足的深层次原因

衡量一个地区的创新能力与水平,可以从知识创造、知识获取、创新环境和创新绩效等方面进行考察。同样,要探讨一个地区创新能力和水平存在问题的原因也可以从这几个方面进行分析。下面主要从知识创造、知识获取、创新环境和创新绩效等四个方面来看看安徽创新发展不足的深层次原因。

一、知识创造上,科技投入不足和科技投入产出比不高

科技投入不足是制约安徽创新发展的重要因素之一。据 2010—2014 年

---

[1]　柳卸林、高太山主编:《中国区域创新能力报告 2014》,知识产权出版社,2014 年,第 329~330页;中国科技发展战略研究小组、中国科学院大学中国创新创业管理研究中心:《中国区域创新能力评价报告 2015》,科学技术文献出版社,2015 年,第 255~256 页。

[2]　中国科技发展战略研究小组、中国科学院大学中国创新创业管理研究中心:《中国区域创新能力评价报告 2018》,科学技术文献出版社,2018 年,第 31~32 页。

[3]　中国科技发展战略研究小组、中国科学院大学中国创新创业管理研究中心:《中国区域创新能力评价报告 2019》,科学技术文献出版社,2019 年,第 43~44 页。

度《全国科技经费投入公报》数据显示,2010—2014年,安徽省的科技经费投入总额以及经费投入强度都在逐年增长,经费投入在全国的排名也在逐渐攀升(具体见表1-4),但是与全国的平均经费投入强度及邻近其他省份的差距却逐渐增大。以2013年、2014年经费投入为例,安徽省的科技经费投入总额均超过了300亿元、经费投入强度也有了明显增加,但是与全国的平均投入强度还有差距,2013年的经费投入强度比全国平均投入强度少0.23个百分点、2014年则少了0.16个百分点。在华东六省一市(江苏省、浙江省、安徽省、福建省、江西省、山东省、上海市)中,2010与2011年,安徽省科技经费投入总额均位居倒数第二,仅高于江西省;2012—2014年,安徽省的科技经费投入超过了福建省,位居倒数第三。与江苏、浙江、山东、上海四省市相比较,科技经费投入差距依然很大。以江苏省为例,2010—2014年江苏省的科技经费投入总额依次为857.9亿元、1065.6亿元、1287.9亿元、1487.4亿元、1652.8亿元,逐年增长的比例明显超过安徽。与江苏省的情况对比,安徽省在2010—2014年的科技经费投入总额依次比江苏省少694.2亿元、851亿元、1006.1亿元、1135.3亿元、1259.2亿元,这种差距呈几何级数的增长。显然,就安徽省每年的科技经费投入情况来看,在全国基本上处于中等或中等偏上的水平,但与发达地区相比,安徽省的科技经费投入则处于末位的水平。就安徽各地市的科技经费投入来看,差距也很明显。2014年,作为安徽省会的合肥为160.34亿元,全省最高;其次是芜湖,61.18亿元,位列第二;第三是马鞍山32.99亿元。而淮北、安庆、黄山、阜阳、宿州、六安、亳州、池州八地的科技经费投入均在个位数,科技经费投入严重不足。①

---

① 《2015年安徽省科技统计公报》,网址:http://kjt.ah.gov.cn/public/21671/110162441.html。

表1-4 安徽省科技经费投入情况统计表（2010-2014）[1]

项目及年度	2010	2011	2012	2013	2014
经费总额（亿元）	163.7	214.6	281.8	352.1	393.6
投入强度（%）	1.32	1.40	1.64	1.85	1.89
全国排名（位）	16	15	15	13	12
华东六省一市排名（位）	6	6	5	5	5

同时，安徽在科普经费筹集额上比全国其他省市落后许多。2015年安徽的科普经费筹集额为25218.96万元，位居全国第18位，落后于上海、江苏、浙江、福建四省市，稍高于江西省。但是在科普经费筹集额增长率上安徽却跌至全国第25位，增长率仅为1.81%，比排在第一位的山东少36.48个百分点[2]，差距较大。

科技投入产出比不高也在制约着安徽省的创新发展。从上述数据来看，安徽省每年的科技经费投入都在增长，但是就实际情况来看，其科技投入产出比却不高。依据国家知识产权局发布的《2014年中国有效专利年度报告》统计数据，截至2014年底，全国发明专利拥有量663414件，每百亿元GDP发明专利拥有量112.8件，每百万人口发明专利拥有量487.5件。安徽全省发明专利拥有量15939件，每百亿元GDP发明专利拥有量83.7件，每百万人口发明专利拥有量266.2件。从安徽拥有发明专利总量来看，位居全国第12位，名次处于中等偏上水平。但是就科技投入与产出比来看，则非常低。83.7件每百亿元GDP的发明专利拥有量低于全国平均水平，也远低于北京、

①　国家统计局、科技部、财政部：《全国科技经费投入统计公报》，2010—2013年全国科技经费投入总额及经费投入强度分别为：2010年为7062.6亿元和1.76%、2011年为8687亿元和1.84%、2012年为10298.4亿元和1.98%、2013年为11846.6亿元和2.08%、2014年为13015.6亿元和2.05%，网址：http://www.stats.gov.cn/tjsj/tjgb/rdpcgb/qgkjjftrtjgb/。

②　中国科技发展战略研究小组、中国科学院大学中国创新创业管理研究中心：《中国区域创新能力评价报告2015》，科学技术文献出版社，2015年，第242页。

18

上海、江苏、浙江、陕西等省市。266.2 件的每百万人口发明专利拥有量也低于全国平均水平 221.3 件，更低于处于同一区域的上海(2374.2 件)、江苏(1024.2 件)、浙江(957.1 件)、山东(359.1 件)、福建(348.4 件)等五省市，位于华东六省一市的倒数第二位。以安徽省各地为例，2010 年合肥、芜湖和宣城三市一季度专利申请量居全省前三位，分别为 812 件、713 件和 361 件；宣城、亳州和阜阳三市同期增幅分别为 394.5%、102.3% 和 90%，领先全省；而巢湖、黄山、安庆、芜湖和滁州五市为负增长。①总体来说，安徽省的专利产出水平不高，区域差距也很明显。

从科技论文发表数量上来看，安徽省的产出情况也不容乐观。以 2013 年为例，安徽省共发表国内中文期刊科技论文 14310 篇②，而排在全国前 10 位的地区分别为北京 67624 篇、江苏 48621 篇、广东 33827 篇、上海 31213 篇、陕西 28260 篇、湖北 24629 篇、浙江 24512 篇、山东 23360 篇、四川 23215 篇、辽宁 19476 篇。③再以 2015 年为例，安徽省每十万研发人员平均发表的国内论文数为 11699.19 篇，居全国第 25 位。④由上述数据可知，安徽在科技论文产出方面的排名比较靠后，成绩并不理想。

二、知识获取上，技术转移水平较弱，合作能力不足

从技术市场交易额和大中型工业企业国内技术成交金额可以看出一个

---

① 孙伟、张国峰：《安徽省专利申请授权情况分析》，来源于中国科技统计网"统计分析"，网址：http://www.sts.org.cn/Page/Search/Content?ktype=4&ksubtype=1&tid=108&kid=1646&pagetype=1。

② 中国科技统计：《中国主要科技指标数据库——省市主要科技指标》，网址：http://www.sts.org.cn/Page/Search/Content?ktype=4&ksubtype=1&tid=108&kid=1646&pagetype=1。

③ 科学技术部创新发展司：《2013 年中国科技论文统计分析》，《科技统计报告》第 7 期，2015 年 2 月 27 日发布，网址：http://www.most.gov.cn/mostinfo/xinxifenlei/kjtjyfzbg/kjtjbg/kjtj2015/201508/P020150817340945781775.pdf。

④ 中国科技发展战略研究小组、中国科学院大学中国创新创业管理研究中心：《中国区域创新能力评价报告 2015》，科学技术文献出版社，2015 年，第 210 页。

省市的技术转移水平的高低。从表 1-5 可知,2014 年, 全国技术合同交易
297037 项,成交额 8577.18 亿元,其中技术交易额 6597.95 亿元。安徽省技术
合同交易 7093 项,位居全国第 12 位,但仅占全国合同交易总量的 2.39%,成
交额 169.83 亿元,位居第 12 位,但仅占全国成交额总量的 1.98%,其中技术
交易额 88.45 亿元,位居第 11 位,但也仅占全国技术交易总额的 1.34%。[①]与
同一区域的其他地区相比,安徽省的技术合同交易项数仅高于福建和江西两
省,与上海、江苏、浙江和山东的差距较大。就成交额和技术交易额来说,安
徽成绩看起来不错,高出浙江、福建和江西三省。其中技术交易额这一体现
技术转移水平的指标虽然高出浙江、福建和江西三省,但并没有过百亿元,且
与上海、江苏和山东差距过大,可以看出,安徽省的技术转移水平还不高。就
大中型工业企业国内技术成交金额情况来看,安徽省也不理想。2015 年,安
徽省规模以上工业企业平均国内技术成交额 3.94 万元/项, 排在全国第 17
位,远低于上海市、江苏省、浙江省、福建省、江西省、山东省,位居华东六省一
市最末位。[②]而到了 2018 年,该项指标降到了 1.83 万元/项,位居全国第 20
位。[③]从作者异国合作科技论文指标来看,2019 年,安徽省作者异国合作科技
论文为 87 篇,位居全国第 17 位,与北京、江苏、上海、广东等省市差距较大;
增长率则为-0.79%,低于新疆、西藏等地;每十万研发人员作者异国科技论
文数为 38 篇,位居全国第 25 位,基本处于末位。[④]由此可见,安徽省的科技

---

① 科技部火炬高技术产业开发中心:《关于印发 2014 年度全国技术市场合同交易情况的通
知》(国科火字〔2015〕7 号)。

② 中国科技发展战略研究小组、中国科学院大学中国创新创业管理研究中心:《中国区域创新
能力评价报告 2015》,科学技术文献出版社,2015 年,第 94~117 页。

③ 中国科技发展战略研究小组、中国科学院大学中国创新创业管理研究中心:《中国区域创新
能力评价报告 2018》,科学技术文献出版社,2018 年,第 187 页。

④ 中国科技发展战略研究小组、中国科学院大学中国创新创业管理研究中心:《中国区域创新
能力评价报告 2019》,科学技术文献出版社,2019 年,第 198~199 页。

第一章 加速崛起奔小康:创新是引领安徽发展的第一动力

表 1-5 2014 年全国技术合同交易情况表 单位:项、亿元

地 区	项 数	成交额	其中:技术交易额
北 京	67278	3136.00	2531.47
天 津	15087	418.11	279.15
河 北	3235	29.87	27.24
山 西	668	48.51	15.00
内蒙古	546	32.54	7.98
辽 宁	11578	250.89	226.38
吉 林	2891	28.23	27.77
黑龙江	2134	121.21	57.23
上 海	25230	667.82	645.10
江 苏	24672	655.24	440.72
浙 江	11955	89.16	82.48
安 徽	7093	169.83	88.45
福 建	3797	50.83	49.72
江 西	1429	50.76	45.55
山 东	17474	269.03	245.54
河 南	2958	41.64	34.25
湖 北	21696	601.74	371.17
湖 南	4879	97.93	52.69
广 东	19150	543.14	526.69
广 西	2348	11.58	10.02
海 南	36	0.65	0.64
重 庆	4072	175.35	65.43
四 川	11991	221.32	179.63
贵 州	658	20.04	5.77
云 南	2794	48.72	29.20
西 藏	1	0.04	0.04
陕 西	25963	639.98	461.93
甘 肃	3367	115.23	68.23
青 海	805	35.43	16.36
宁 夏	545	3.20	3.14
新 疆	707	3.16	2.98
合 计	297037	8577.18	6597.95

合作能力明显不足。

作为创新的主体,安徽省的大中型工业企业在平均技术改造经费投入和技术改造投入增长率上也有待加强。2015 年,安徽省规模以上工业企业平均技术改造经费支出 104 百万元/个,排在全国第 20 位,技术改造投入增长率则排在全国第 13 位。[①]这表明安徽省在这方面的投入不足,需要加大投入支持力度。

在技术转移中,高校和科研院所作用不可或缺。从高校和科研院所研发经费内部支出额来自企业的资金情况可以看出高校和科研院所与企业的合作程度与技术转让的情况。在这一方面,安徽省的指标数据处于中等偏下水平。2015 年,安徽高校和科研院所研发经费内部支出额来自企业的资金为 76797.63 万元,排名全国第 15 位;高校和科研院所研发经费内部支出额来自企业资金的比例为 11.57%,位居全国第 17 位;高校和科研院所研发经费内部支出额来自企业资金的增长率为 15.96%,位居全国第 15 位。[②]

区域合作以及国际合作是创新发展的重要动力,安徽在这方面还存在很大不足。就区域内部及区域之间的科技论文合作产出情况来看,安徽省的科研产出量都不高。根据《中国区域创新能力评价报告 2014—2015》统计数据来看:2014 年作者同省异单位科技论文数为 2119 篇, 位居全国第 18 位,2015 年为 2245 篇,位居全国第 15 位,数量虽然有所增长,但依然处在中等偏下的水平。而在"每十万研发人员作者同省异单位科技论文数"上,安徽的数量更低,2014 年为全国第 29 位、2015 年为 26 位, 基本上处在落后的水平。从异省合作情况来看,安徽也不理想。2015 年,每十万研发人员作者异省科

---

① 中国科技发展战略研究小组、中国科学院大学中国创新创业管理研究中心:《中国区域创新能力评价报告 2015》,科学技术文献出版社,2015 年,第 234 页。

② 同上,第 217~218 页。

技论文数上，安徽排在全国第 26 位，作者异省科技论文数增长率也只在第 19 位。异国合作科技论文情况也存在很大不足。2014 年安徽每百万研发人员作者异国科技论文数排在第 20 位，2015 年为 18 位，虽然状况有所缓解，但是异国合作科技论文产出情况堪忧。

通过上述的相关指标和数据，我们可以看出，安徽省在技术转移方面的水平还比较薄弱，需要加强技术转移力度，提高技术转移水平。区域内部、区域之间以及国际合作水平也有待加强。

三、创新环境上，劳动者素质和创业环境及水平不高，政府行政管理水平有待进一步提高

在创新环境方面，安徽省已经取得了一定的成绩，但还存在很多的不足。

第一，劳动者素质不高。人是生产力发展中最活跃的因素，因而人力资源是社会生产力发展的重要推动力量，也是创新的力量源泉。安徽省的创新发展自然离不开广大的高素质劳动者。2013 年，安徽省研究与发展人员 119.3 千人/年，占全国总研发人员的 3.38%，位居全国第 9 位。[①]这个水平看起来不低，但是横向与同一区域的省市相比，差距甚大。江苏省为 466.2 千人/年、浙江省为 311.0 千人/年、山东省 279.3 千人/年、上海市为 165.8 千人/年、福建省为 122.5 千人/年。可见，在华东六省一市区域中，安徽省的研究与发展人员仅比江西省多。安徽省的大专以上学历人口比例也偏低，2015 年数据显示，该项指标安徽省仅为 8.45%，排在全国第 20 位，仅比处于同一区域的福建省多 0.22 个百分点。[②]这表明安徽省劳动力的整体素质还有待进一步

① 《2014 年中国科技统计数据》，中国统计科技网，网址：http://www.sts.org.cn/Page/Content/Content?ktype=7&ksubtype=3&pid=46&tid=115&kid=2241&pagetype=1&istop=［IsShow］。

② 中国科技发展战略研究小组、中国科学院大学中国创新创业管理研究中心：《中国区域创新能力评价报告 2015》，科学技术文献出版社，2015 年，第 249 页。

提高,还不能完全适应发展技术密集型产业的需要。

在安徽劳动力整体素质不高的同时,还存在科技人才逐年流失的危险。安徽的科技人才主要流向了发达的江、浙、沪等省、市。有报道称安徽是人力资源大省,但在人力资源流失上,全国排名第5,高层次人才流失,全国排名第2。[①]这个数据可谓触目惊心,这对安徽的创新发展来说极为不利。因而有学者指出,安徽"人才培养的责任感不到位,留住人才的工作还不十分到位,人才流失严重,人才服务工作有待加强"[②]。

第二,创业环境不理想、水平不高。安徽省的创业环境不太理想,如安徽的通信基础设施条件比较滞后,为创新带来了一定的障碍。2014 年安徽每百人平均电话用户为 78.8 户,比最高指标值低 121.8 户,排在全国第 26 位,电话用户数增长率则为全国最末位,每百人平均国际互联网络用户数为 31.21户,比最高指标值低 39.25 户,排在全国第 26 位[③];2015 年,上述指标值分别排在全国第 29 位、29 位和 25 位[④],总体水平进一步下降。由此可见,就创新环境而言,安徽还存在着很大不足,这也是制约安徽创新发展的重要因素之一。

安徽的创业水平也不高。安徽在高技术企业数和增长率上排名靠前,2015 年拥有高技术企业数 841 家, 位居全国第 8 位, 高技术企业增长率为13.49%,排在全国第一位。这一方面表现出安徽在高技术企业方面的发展速度较快,但也从另一个侧面反映出安徽在该项指标的前期发展基础较弱。从高技术企业数占规模以上工业企业数比重可以看出,安徽在该项指标上仅位

---

① 高烨、李朦、罗敏:《安徽高层次人才流失全国第二 激励人才老板要当好教练》,《合肥晚报》,2012 年 4 月 19 日。

② 余明江:《人才强省与人才发展双向过滤模型探析——基于安徽省人口第六次人口普查资料的研究》,《合肥师范学院学报》,2014 年第 2 期。

③ 柳卸林、高太山主编:《中国区域创新能力报告 2014》,知识产权出版社,2014 年,第 310~312 页。

④ 中国科技发展战略研究小组、中国科学院大学中国创新创业管理研究中心:《中国区域创新能力评价报告 2015》,科学技术文献出版社,2015 年,第 236~239 页。

第一章　加速崛起奔小康：创新是引领安徽发展的第一动力

居全国第 19 位，远远落后于江苏、上海和江西，比山东和福建略高。①此外，安徽在规模以上工业企业研发经费内部支出额中平均获得金融机构贷款额及其增长率都处在较低水平，2015 年，安徽在全国前者排名第 21 位、后者排名第 27 位。②

第三，政府行政管理水平有待提高。据《中国区域创新能力评价报告》显示，2014—2015 年，安徽政府行政管理效率分别为 9.39% 和 3.26%，位居全国第 5 位和第 8 位，行政管理效率下滑。而政府行政管理改善程度则分别为 -2.69% 和 -0.95%，各排在全国第 19 位和第 21 位③，不但排名靠后，而且改善程度也在下降。上述数据从一定程度上表明安徽政府行政管理总体水平不利于安徽的创新发展。

四、创新绩效上，产业结构不合理，就业水平低，资源消耗量大

产业结构是否合理对区域经济发展有着重要的作用和意义。近年来安徽的产业结构得到有效改善，但还存在很多不足，制约着安徽的创新发展。从第三产业增加值、增加值占 GDP 比例和增加值增长率三项重要指标上可以看得出来安徽的产业结构上存在不合理之处。据相关数据统计，2015 年安徽第三产业增加值为 6286.82 亿元，居全国第 15 位；第三产业增加值占 GDP 比例为 33.02%，居全国第 29 位；第三产业增加值的增长率则为 13.42%，居全国第 28 位。上述指标数据可以看出安徽的区域产业结构非常不合理，制约了

---

① 中国科技发展战略研究小组、中国科学院大学中国创新创业管理研究中心：《中国区域创新能力评价报告 2015》，科学技术文献出版社，2015 年，第254~255 页。

② 同上，第 253 页。

③ 柳卸林、高太山主编：《中国区域创新能力报告 2014》，知识产权出版社，2014 年，第 316 页；中国科技发展战略研究小组、中国科学院大学中国创新创业管理研究中心：《中国区域创新能力评价报告 2015》，科学技术文献出版社，2015 年，第 242~243 页。

安徽的创新发展。

从高技术产业主营业务收入来看,安徽省水平较低。依据《高技术产业主营业务收入按地区分布(2011—2013)》中的数据,安徽省 2011 年至 2013 年主营业务收入分别为 1055 亿元、1460 亿元和 1831.4 亿元。纵向来看,每年都在递增。但与周围其他省市相比,差距明显加大,从表 1-6 可知,安徽省的主营业务收入在华东六省一市中垫底。[①]

表 1-6　华东六省一市高技术产业主营业务收入地区分布(2011—2013)

单位:亿元

地区及年份	2011 年	2012 年	2013 年
江苏	19396	22864	24854
上海	7064	7052	6823.4
上东	6121	7729	8946.5
浙江	3607	3977	4360.1
福建	2990	3229	3545
江西	1432	1857	2289.6
安徽	1055	1460	1831.4

安徽的就业水平低也表明安徽创新绩效水平有待提高。从安徽高技术产业就业人数及占总就业人数的比重来看,安徽的就业水平不高,且与其他地区的差距也越来越大。2014 年安徽高技术就业人数 18.73 万人,2015 年为 20.52 万人,人数有所增加,但在全国的排名却由第 16 位降至第 17 位;高技术产业就业人数占总就业人数的比重虽然也在增加,但是排名却急剧下降,由 2014 年全国第 16 位降至 2015 年的第 20 位。[②]

安徽的可持续发展能力与其他区域相比也存在较大差距。这从电耗总

---

① 中国科技统计数据库:《中国高技术产业数据(2014)》,网址:http://www.sts.org.cn/Page/Content/Content?ktype=7&ksubtype=3&pid=46&tid=115&kid=2245&pagetype=1&istop=[IsShow]。

② 柳卸林、高太山主编:《中国区域创新能力报告 2014》,知识产权出版社,2014 年,第 338 页;中国科技发展战略研究小组、中国科学院大学中国创新创业管理研究中心:《中国区域创新能力评价报告 2015》,科学技术文献出版社,2015 年,第 264 页。

第一章　加速崛起奔小康：创新是引领安徽发展的第一动力

量、每万元 GDP 电耗总量、电耗总量增长率、工业污水排放总量、每万元 GDP 工业污水排放量、工业污水排放总量增长率、废气中主要污染物排放量、每亿元 GDP 废气中主要污染物排放量等衡量区域可持续发展能力的参数指标中可以看出（具体见表 1-7、1-8、1-9、1-10）。在上述指标中，安徽在 2014 年和 2015 年中的全国排名在第 16~29 名之间，这表明安徽的资源消耗量大，造成的环境污染也严重，安徽创新绩效水平提高的任务依然很艰巨。

表 1-7　《中国区域创新能力报告 2014》中安徽在全国排名 15 位之后的指标

指标名称	安徽排名	安徽指标值	全国第一指标值
知识创造综合指标			
每百万人平均发明专利授权数	16	51.20 件	973.28 件
每亿元研发经费内部支出产生的发明专利授权数	19	10.88 件	31.95 件
每十万人平均发表的国内论文数	22	23.82 篇	332.67 篇
国内论文数增长率	16	9.73%	23.52%
国际论文数	15	7620 篇	57008 篇
每十万人平均发表的国际论文数	17	2.83 篇	6.41 篇
国际论文数增长率	26	3.88%	37.56%
知识获取综合指标			
作者同省异单位科技论文数	18	2119 篇	11046 篇
每十万研发人员作者同省异单位科技论文数	29	0.79 篇	2.26 篇
每十万研发人员作者异省科技论文数	24	0.65 篇	1.70 篇
作者异国合作科技论文数	15	103 篇	918 篇
每百万研发人员作者异国科技论文数	20	0.38 篇	1.08 篇
高校和科研院所研发经费内部支出额中来自企业的资金	16	61290.58 万元	453425.64 万元
高校和科研院所研发经费内部支出额中来自企业资金的比例	18	11.9%	27.91%
技术市场交易额（按流向）	18	858507.33 万元	9743474.93 万元
技术市场企业平均交易额（按流向）	29	116.12 万元/项	1335.31 万元/项
技术市场交易金额的增长率（按流向）	23	28.29%	344.95%

指标名称	安徽排名	安徽指标值	全国第一指标值
规模以上工业企业平均购买国内技术经费支出	15	5.61 万元／项	28.95 万元／项
规模以上工业企业平均购买国内技术经费支出增长率	23	−9.81%	406.42%
规模以上工业企业平均引进技术经费支出	19	7.34 万元／项	66.54 万元／项
规模以上工业企业引进技术经费支出增长率	19	−3.59%	973.54%
外商投资企业年底注册资金中外资部分	16	154.26 亿美元	2803.02 亿美元
人均外商投资企业年底注册资金中外资部分	20	257.61 万美元	8542.87 万美元
外商投资企业年底注册资金中外资部分增长率	15	9.25%	31.51%
企业创新综合指标			
规模以上工业企业平均研发经费外部支出	15	13.15 万元／个	59.03 万元／个
规模以上工业企业平均技术改造经费支出	18	1.15 百万元／个	4.67 百万元／个
规模以上工业企业平均技术改造经费支出增长率	21	−7.7%	206.49%
创新环境综合指标			
每百人平均电话用户	26	78.80 户	200.60 户
电话用户数增长率	31	4.58%	17.37%
每百人平均国际互联网络用户数	26	31.21 人	70.46 人
年度科普经费筹集额	16	26809.8 万元	202819.36 万元
年度科普经费筹集额增长率	17	10.36%	89.17%
政府行传管理改善程度	19	−2.69%	24.93%
进出口差额	25	−7.92 亿美元	1097.84 亿美元
进出口差额占工业企业主营业务收入的比重	25	−0.17%	7.13%
进出口差额增长率	30	−183.34%	742.21%

续表

指标名称	安徽排名	安徽指标值	全国第一指标值
居民消费水平	19	10977.73 元	36892.86 元
居民消费水平增长率	27	6.65%	15.86%
国家创新基金获得资金增长率	17	19.74%	149.94%
规模以上工业企业研发经费内部支出额中获得金融机构贷款额	15	1.77 万元/个	13.54 万元/个
高技术企业数占规模以上工业企业数比重	19	5.56%	21.13%
创新绩效综合指标			
人均 GDP 水平	26	28792 元	93173 元
第三产业增加值	16	5628.48 亿元	26519.69 亿元
第三产业增加值占 GDP 的比例	30	32.7%	76.46%
第三产业增加值增长率	28	14.04%	23.39%
信息产业产值	15	588 亿元	21996 亿元
信息产业主营业务收入占 GDP 的比重	15	4.81%	41%
高技术产业主营业务收入	16	1460 亿元	25046.6 亿元
高技术产业主营业务收入占 GDP 比重	18	8.48%	43.89%
出口额	16	45.91 亿美元	3405.1 亿美元
出口额占 GDP 的比重	18	1.63%	41.89%
出口额的增长率	22	−8.39%	43.34%
城镇登记失业率	22	3.68%	1.27%
城镇登记失业率增长率	20	3.73%	0
高技术产业就业人数	16	18.73 万人	384.22 万人
高技术产业就业人数占总就业人数的比例	16	4.29%	29.92%
电耗总量	19	1361.1 亿千瓦时	127.76 亿千瓦时
每万元 GDP 电耗总量	16	790.78 千瓦时	395.95 千瓦时
电耗总量增长率	26	12.37%	4.98%
工业污水排放总量	21	254328.89 万吨	4683.14 万吨
每万元 GDP 工业污水排放量	27	14.78 吨	6.42 吨
工业污水排放总量增长率	18	28.06%	5.3%
废气中主要污染物排放量	20	190.29 万吨	5.51 万吨
每亿元 GDP 废气中主要污染物排放量	17	110.56 吨	18.92 吨

新发展理念在安徽的生动实践研究

表 1-8 《中国区域创新能力评价报告 2015》中安徽在全国排名 15 位之后的指标

指标名称	安徽排名	安徽指标值	全国第一指标值
知识创造综合指标			
每十万研发人员平均发表的国内论文数	25	11699.19 篇	47346.07 篇
国内论文数量增长率	19	4.39%	13.71%
国际论文数	15	8498 篇	60784 篇
每十万研发人员平均发表的国际论文数	15	7120.74 篇	25099.25 篇
国际论文数增长率	28	8.46%	37.36%
知识获取综合指标			
作者同省异单位科技论文数	15	2245 篇	11356 篇
每十万研发人员作者同省异单位科技论文数	26	1881.15 篇	12192.04 篇
作者异省合作科技论文数	15	1838 篇	10255 篇
每十万研发人员作者异省科技论文数	26	1540.12 篇	7814.45 篇
作者异省科技论文数增长率	19	5.03%	14.64%
每百万研发人员作者异国科技论文数	18	879.83 篇	3679.16 篇
高校和科研院所研发经费内部支出额中来自企业的资金	15	76797.63 万元	554586.67 万元
高校和科研院所研发经费内部支出额中来自企业资金的比例	17	11.57%	26.43%
高校和科研院所研发经费内部支出额中来自企业资金增长率	15	15.96%	87.43%
技术市场交易额(按流向)	18	1135658.31 万元	9454098.16 万元
技术市场企业平均交易额(按流向)	25	160.77 万元 / 项	589.92 万元 / 项
技术市场交易金额的增长率(按流向)	21	24.73%	117%
规模以上工业企业平均国内技术成交金额	17	3.94 万元 / 项	63.18 万元 / 项
规模以上工业企业国内技术成交金额增长率	25	−12.59%	242.87%
规模以上工业企业引进技术经费支出增长率	15	4.53%	351.77%

第一章 加速崛起奔小康：创新是引领安徽发展的第一动力

续表

指标名称	安徽排名	安徽指标值	全国第一指标值
外商投资企业年底注册资金中外资部分	16	167.38 亿美元	3000.35 亿美元
人均外商投资企业年底注册资金中外资部分	19	277.58 万美元	9535.14 万美元
外商投资企业年底注册资金中外资部分增长率	15	9.25%	31.51%
企业创新综合指标			
规模以上工业企业平均研发经费外部支出	16	11.39 万元 / 个	50.3 万元 / 个
规模以上工业企业平均基数改造经费支出	20	1.04 百万元 / 个	4.67 百万元 / 个
创新环境综合指标			
每百人平均电话用户	29	81.85 户	200.56 户
电话用户数增长率	29	75.83%	200.56%
每百人平均国际互联网络用户数	25	35.66 人	73.58 人
年度科普经费筹集额	18	25218.96 万元	221402.17 万元
年度科普经费筹集额增长率	25	1.81%	38.29%
政府行传管理改善程度	21	−0.95%	9.94%
进出口总额	16	119.47 亿美元	5920.71 亿美元
进出口总额占 GDP 的比重	18	3.8%	80.82%
市场中介组织的发育和法律制度环境	16	2.92	3.41
市场中介组织的发育和法律制度环境改善程度	25	−5.5%	7.88%
居民消费水平	25	11618 元	39223 元
居民消费水平增长率	29	3.8%	16.69%
6 岁及 6 岁以上人口中大专以上学历所占比例	20	8.45%	39.46%
国家创新基金获得资金增长率	18	30.33%	190.9%
规模以上工业企业研发经费内部支出额中获得金融机构贷款额	15	15808.1 万元	167854.2 万元
规模以上工业企业研发经费内部支出额中平均获得金融机构贷款额	21	1.05 万元 / 个	18.02 万元 / 个

续表

指标名称	安徽排名	安徽指标值	全国第一指标值
规模以上工业企业研发经费内部支出额中获得金融机构贷款增长率	27	10.93%	600.05%
高技术企业数占规模以上工业企业数比重	19	5.56%	21.13%
创新绩效综合指标			
人均 GDP 水平	26	31684 元	99607 元
第三产业增加值	15	6286.82 亿元	29688.97 亿元
第三产业增加值占 GDP 的比例	29	33.02%	76.85%
第三产业增加值增长率	28	13.42%	22.33%
信息产业主营业务收入占 GDP 的比重	15	5.59%	41.38%
高技术产业主营业务收入	16	1831.38 亿元	27871.1 亿元
高技术产业主营业务收入占 GDP 比重	16	9.62%	44.83%
出口额	16	52.64 亿美元	3572.93 亿美元
出口额占 GDP 的比重	19	1.67%	38.3%
高技术产业就业人数	17	20.52 万人	380.38 万人
高技术产业就业人数占总就业人数的比例	20	6.32%	26.94%
电耗总量	18	1528.07 亿千瓦时	130.65 亿千瓦时
每万元 GDP 电耗总量	18	802.61 千瓦时	379.51 千瓦时
电耗总量增长率	25	12.36%	−0.59%
工业污水排放总量	22	266234.19 万吨	15004.68 万吨
每万元 GDP 工业污水排放量	28	13.98 吨	5.86 吨
工业污水排放总量增长率	21	38.58%	10.94%
废气中主要污染物排放量	19	178.36 万吨	5.86 万吨
每亿元 GDP 废气中主要污染物排放量	16	93.68 吨	16.03 吨

表 1-9 《中国区域创新能力评价报告 2018》中安徽在全国排名 15 位之后的指标

指标名称	安徽排名	安徽指标值	全国第一指标值
知识创造综合指标			
政府研发投入增长率	28	−0.17%	44.53%
国内论文数	15	12391 篇	66520 篇

指标名称	安徽排名	安徽指标值	全国第一指标值
每十万研发人员平均发表的国内论文数	25	5871.04 篇	27430.41 篇
国内论文数量增长率	22	−4.17%	14.39%
每十万研发人员平均发表的国际论文数	17	6427.30 篇	25040.30 篇
国际论文数增长率	20	12.98%	88.72%
知识获取综合指标			
作者同省异单位科技论文数	16	1991 篇	11586 篇
作者同省异单位科技论文数增长率	26	−4.83%	29.0%
每十万研发人员作者同省异单位科技论文数	27	943.36 篇	6480.05 篇
作者异省合作科技论文数	15	1891 篇	10850 篇
每十万研发人员作者异省科技论文数	25	895.98 篇	3961.96 篇
作者异国合作科技论文数	17	80 篇	919 篇
作者异国合作科技论文数增长率	24	−5.56%	121.11%
每十万人员作者异国科技论文数	26	37.91 篇	246.11 篇
高校和科研院所研发经费内部支出额中来自企业的资金	16	54291.18 万元	712296.51 万元
高校和科研院所研发经费内部支出额中来自企业资金增长率	28	−18.37%	67.20%
高校和科研院所研发经费内部支出额中来自企业资金的比例	24	7.26%	32.14%
技术市场企业平均交易额（按流向）	28	101.66 万元 / 项	5249.23 万元 / 项
规模以上工业企业国内技术成交金额	15	36379 万元	625610.9 万元
规模以上工业企业国内技术成交金额增长率	22	−25%	233.83%
模以上工业企业平均国内技术成交金额	20	1.83 万元 / 项	36.99 万元 / 项
规模以上工业企业国外技术引进金额	17	32527.9 万元	1349955.8 万元
模以上工业企业平均国外技术引进金额	23	1.64 万元 / 项	161.65 万元 / 项

新发展理念在安徽的生动实践研究

指标名称	安徽排名	安徽指标值	全国第一指标值
规模以上工业企业国外技术引进金额增长率	26	−31.98%	142.56%
外商投资企业年底注册资金中外资部分	17	255.1 亿美元	3952.29 亿美元
人均外商投资企业年底注册资金中外资部分	19	411.72 万美元	16207.08 万美元
企业创新综合指标			
规模以上工业企业研发人员增长率	17	3.08%	32.42%
规模以上工业企业平均研发经费外部支出	20	9.85 万元 / 个	95.37 万元 / 个
规模以上工业企业研发经费外部支出增长率	22	1.62%	78.98%
规模以上工业企业平均技术改造经费支出	16	72.16 万元 / 个	226.34 万元 / 个
有电子商务交易活动的企业数增长率	26	5.81%	62.77%
创新环境综合指标			
移动电话普及率	30	70.10 部 / 百人	178.06 部 / 百人
移动电话用户数增长率	21	−0.85%	0.77%
互联网普及率	26	44.3%	77.8%
平均每个科技企业孵化器创业导师人数	25	7.07 人	62.20 人
科技企业孵化器增长率	21	12.37%	145.45%
按目的地和货源地划分进出口总额	16	424.93 亿美元	11651.88 亿美元
科技服务业从业人员增长率	21	−1.04%	16.22%
居民消费水平	24	13940.96 元	45815.73 元
居民消费水平增长率	22	7.23%	16.08%
教育经费支出增长率	23	8.52%	26.12%
6 岁及 6 岁以上人口中大专以上学历所占比例	24	9.37%	45.46%
6 岁及 6 岁以上人口中大专以上学历人口增长率	29	−20.10%	15.39%

指标名称	安徽排名	安徽指标值	全国第一指标值
规模以上工业企业研发经费内部支出额中获得金融机构贷款额	16	20894.8 万元	165211.8 万元
规模以上工业企业研发经费内部支出额中平均获得金融机构贷款额	25	1.05 万元／个	19.24 万元／个
规模以上工业企业研发经费内部支出额中获得金融机构贷款增长率	23	−5.65%	155.00%
科技企业孵化器当年风险投资强度	23	201.03 万元／项	1227.84 万元／项
科技企业孵化器当年获风险投资额增长率	17	45.17%	368.15%
高技术企业数占规模以上工业企业数比重	15	7.05%	23.80%
平均每个科技企业孵化器当年新增在孵企业数	25	3.34 家	12.00 家
科技企业孵化器当年新增在孵企业数增长率	19	−55.56%	100.00%
创新绩效综合指标			
人均 GDP 水平	25	39561 元	118198 元
第三产业增加值	15	10018.32 亿元	42050.88 亿元
第三产业增加值占 GDP 的比例	30	41.05%	80.23%
高技术产业主营业务收入	15	3587.6 亿元	37765.2 亿元
高技术产品出口额	15	5985.49 百万美元	213613.22 百万美元
高技术产品出口额占地区出口总额的比重	15	23.05%	74.78%
城镇登记失业率增长率	20	−0.31%	12.72%
电耗总量	19	1794.98 亿千瓦小时	149.22 亿千瓦小时
每万元 GDP 电耗总量	17	735.42 千瓦小时	397.47 千瓦小时
电耗总量增长率	26	6.45%	−6.07%
工业污水排放总量	22	240666 万吨	6143 万吨
每万元 GDP 工业污水排放量	19	9.86 吨	5.12 吨
废气中主要污染物排放量	18	111.05 万吨	7.72 万吨
每亿元 GDP 废气中主要污染物排放量	15	45.50 吨	6.38 吨

新发展理念在安徽的生动实践研究

表 1-10 《中国区域创新能力评价报告 2019》中安徽在全国排名 15 位之后的指标

指标名称	安徽排名	安徽指标值	全国第一指标值
知识创造综合指标			
政府研发投入增长率	29	3.11%	30.94%
国内论文数	15	12432 篇	68664 篇
每十万研发人员平均发表的国内论文数	27	5447 篇	27959 篇
国内论文数量增长率	25	−2.67%	292.78%
每十万研发人员平均发表的国际论文数	17	6849 篇	25466 篇
国际论文数增长率	19	13.74%	65.96%
知识获取综合指标			
作者同省异单位科技论文数	15	2153 篇	12296 篇
作者同省异单位科技论文数增长率	25	−0.54%	115.77%
每十万研发人员作者同省异单位科技论文数	28	943 篇	6943 篇
作者异省合作科技论文数	15	2045 篇	11515 篇
每十万研发人员作者异省科技论文数	26	896 篇	4245 篇
作者异国合作科技论文数	17	87 篇	975 篇
作者异国合作科技论文数增长率	25	−0.79%	87.64%
每十万人员作者异国科技论文数	25	38 篇	245 篇
高校和科研院所研发经费内部支出额中来自企业的资金	16	80273 万元	804947 万元
高校和科研院所研发经费内部支出额中来自企业资金增长率	15	10.92%	245.47%
高校和科研院所研发经费内部支出额中来自企业资金的比例	18	8.83%	29.66%
技术市场企业平均交易额（按流向）	31	150.77 万元 / 项	713.36 万元 / 项
规模以上工业企业平均购买国内技术经费支出	20	2.49 万元 / 项	26.61 万元 / 项
规模以上工业企业购买国内技术经费支出增长率	19	−6.88%	214.44%
规模以上工业企业引进技术经费支出	20	28517.8 万元	965058.9 万元

第一章 加速崛起奔小康:创新是引领安徽发展的第一动力

指标名称	安徽排名	安徽指标值	全国第一指标值
规模以上工业企业平均引进技术经费支出	23	1.51 万元 / 项	118.82 万元 / 项
外商投资企业年底注册资金中外资部分	18	352 亿美元	4792 亿美元
人均外商投资企业年底注册资金中外资部分	18	563 万美元	17262 万美元
企业创新综合指标			
规模以上工业企业平均 R&D 经费外部支出	21	12.79 万元 / 个	115.09 万元 / 个
规模以上工业企业 R&D 经费外部支出增长率	21	8.94%	72.9%
规模以上工业企业平均技术改造经费支出	18	82.3 万元 / 个	260.5 万元 / 个
有电子商务交易活动的企业数增长率	21	15.32%	50.31%
创新环境综合指标			
移动电话普及率	30	88.5 部 / 百人	184.7 部 / 百人
互联网普及率	26	46.5%	83.2%
平均每个科技企业孵化器创业导师人数	29	7 人	37 人
科技企业孵化器增长率	24	22.51%	291.96%
按目的地和货源地划分进出口总额	15	511.3 亿美元	11168.9 亿美元
按目的地和货源地划分进出口总额占 GDP 比重	15	12.78%	98.87%
科技服务业从业人员数	17	8.90 万人	71.25 万人
科技服务业从业人员占第三产业从业人员比重	24	3.31%	10.68%
科技服务业从业人员增长率	25	-2.43%	6.26%
居民消费水平	23	17141 元	53617 元
教育经费支出占 GDP 的比例	16	4.57%	14.17%
教育经费支出增长率	26	7.93%	16.34%
6 岁及 6 岁以上人口中大专以上学历所占比例	26	9.52%	47.61%

指标名称	安徽排名	安徽指标值	全国第一指标值
6 岁及 6 岁以上人口中大专以上学历人口增长率	30	−5.26%	68.80%
规模以上工业企业研发经费内部支出额中平均获得金融机构贷款额	21	1.16 万元 / 个	25.58 万元 / 个
规模以上工业企业研发经费内部支出额中获得金融机构贷款增长率	19	−2.03	126.73%
科技企业孵化器当年风险投资强度	16	247.7 万元 / 项	1686.37 万元 / 项
科技企业孵化器当年获风险投资额增长率	28	32.96%	757.58%
平均每个科技企业孵化器当年毕业企业数	26	3.51 家	24.2 家
科技企业孵化器当年毕业企业数增长率	26	56.66%	613.89%
创新绩效综合指标			
人均 GDP 水平	24	43401.36 元	128994.11 元
第三产业增加值增长率	29	42.92%	80.56%
城镇登记失业人员	19	28.99 万人	1.95 万人
电耗总量	19	1921.48 亿千瓦小时	58.19 亿千瓦小时
每万元 GDP 电耗总量	18	711.19 千瓦小时	380.83 千瓦小时
电耗总量增长率	27	6.65%	−1.46%
工业污水排放总量	20	233837.62 万吨	7175.65 万吨
废气中主要污染物排放量	19	100.63 万吨	4.02 万吨
每亿元 GDP 废气中主要污染物排放量	16	37.25 吨	60 吨
废气中主要污染物排放量增长率	15	−18.79%	−28.45%

第三节 用创新攻克难题，加速崛起发展的新动力

安徽虽然在创新发展方面存在不足，但是不可否认，安徽在创新发展方面是有明显的成绩和巨大的潜力的。如 2014 年和 2015 年安徽均在区域创

第一章 加速崛起奔小康：创新是引领安徽发展的第一动力

新能力排名上位居全国第 9 位、创新潜力位居全国第 3 位。[1]数据表明，安徽在创新发展方面还是有巨大潜力的，在面临复杂的经济形势和诸多客观现实问题困扰时也是大有可为的。如何发挥安徽的区域经济优势，加速创新发展的进程，为安徽的崛起发展提供新动力，可以从以下四个方面进行思考：

一、发挥"后发优势"

安徽在创新发展总体水平方面虽然低于江苏、浙江、上海、山东等邻近省市，但是安徽有着巨大的发展前景和潜力。因而安徽应该明确自己的强项、知晓自己的弱项，依靠现有基础，发挥"后发优势"，争取赶超发达地区。

（一）充分发挥"后发优势"，全力争夺高新技术高地和市场

安徽在高新技术企业发展方面还存在较大不足，而高新技术企业则是区域创新的重要载体和主力军。安徽的高新技术企业要灵活掌握政策和原则，大胆开创商机，以市场为重要舞台，发挥自身的创新优势。同时，创新也要注重学习与借鉴其他区域的经验和措施，可以站在巨人的肩膀上进行创新发展，进而达到事半功倍的效果。

（二）加快科技成果的引进、转化与应用

可以借鉴江苏等其他地区的做法，设立安徽省高新技术成果转化专项基金，主要用于资助全省高新技术成果的转化，这对促进高新技术成果转化和产业化具有重大的激励作用，在提高全省企业自主创新能力方面有深远的意义。

---

[1] 柳卸林、高太山主编：《中国区域创新能力报告 2014》，知识产权出版社，2014 年，第 11~13 页；中国科技发展战略研究小组、中国科学院大学中国创新创业管理研究中心：《中国区域创新能力评价报告 2015》，科学技术文献出版社，2015 年，第 6~8 页。

（三）重点培育和发展有特色的中小企业群和产业集聚

鉴于安徽高技术企业数所占规模以上工业企业数比重较低的实际，安徽应该重点培育和发展有一定自主创新能力的"专、精、特、新"的中小企业，再进一步引导同类中小企业集聚成产业群，形成产业链。很多发达国家都有依靠产业群发展的成功经验，如美国的硅谷、德国的索林根刀具业群、法国巴黎森迪尔区的网络业群等。有专家指出："产业群发育程度高的区域必然是发达区域，而首先实行产业群战略的区域也是发达的区域。"①因而，希望政府在重视大企业的同时，更多地将关注点放在中小企业身上，提高对中小企业产业群重要性的认识，对它们加以"厚爱"，这对区域创新发展来说非常关键。

二、在培养与引进创新型人才上要双措并举

创新发展最终离不开人才的支持，没有人才作为源动力和支撑条件，创新只能成为一句空话。正如有人所说："谁拥有了高层次人才，谁就抢占了经济科技发展的制高点，谁就能在今后的经济社会发展中拥有更多的主动权，且具有更大的持续性、发展性和优越性。"②人才的来源主要有引进与培养这两个基本途径。

（一）培养人才是创新发展的重要保障

安徽是教育大省，在高等教育领域有着一定的优势，现有本科高校35所、高职高专院校73所，这些高校担负着人才培养的重任，每年为安徽省培养了大批高层次高质量的人才，他们是安徽省创新发展的主体力量。因而，安徽省的高等教育人才培养模式要立足安徽、面向全国，才能培养出全面综合的高素质人才，为安徽的创新发展输送源源不断的人才。

---

① 王缉慈：《地方产业群战略》，《中国工业经济》，2002年第3期。

② 李星云：《新形势下我国高层次人才引进的思考》，《江苏行政学院学报》，2010年第6期。

（二）人才引进是创新发展的重要支撑

习近平在中央财经领导小组第七次会议上讲话时指出："改革开放以来，我们学会了招商引资。现在，要学会招商引资、招人聚才并举，有时还要招人聚才优先。"①人才引进不仅是针对区域外部的人才，同时也包括海外人才的引进。安徽虽然是高等教育大省，也有部分国家重点发展的大学，但是相对上海、北京、江苏、湖北等地来说，我们的人才培养优势并不明显，尤其是在高层次人才培养方面显得不足，同时安徽在经济以及区域优势上也比上述地区差，高层次人才的自然流入相对有限，因而我们要加大对其他区域人才的引进力度。除了区域人才外，我们还应加大对海外人才的引进力度。据相关学者研究，安徽在海外人才引进方面虽然已经取得了一定的成绩，但是与其他区域相比还存在很大差距。例如安徽省正式发布海外人才引进政策的文件是在2009年，比辽宁、吉林等省晚；在人才引进规模上，安徽的目标是100名，处在最低档上，比上海的2000名相差了1900名；在人才引进待遇上，也远比北京、天津、上海、浙江、山东、山西、江西、湖北、内蒙古、广西、四川、吉林等地区低许多。②这种海外人才引进政策需要做出较大改变和调整。只有人才到位了，安徽的创新才有可能进一步发展。针对安徽的人才现状，有省内专家提出安徽应该加大海外人才的引进力度。建议采取"吸引式"（吸引外国优秀人才来皖）、"回归式"（吸收接纳本国在境外人才回归）、"共享式"（人才的跨国聘用）、"合作式"（参与国际合作办学和承办国际性重大活动）、"虚拟式"（网络吸收国际智力，掌握、运用国际人才资源信息）多种模式并举来引进海外人才①，我们认为可以借鉴。

①　《习近平关于科技创新论述摘编》，中央文献出版社，2016年，第122页。
②　参见朱军文、沈悦青：《我国省级政府海外人才引进政策的现状、问题与建议》，《上海交通大学学报（哲学社会科学版）》，2013年第1期。

（三）人才稳定是创新发展的坚实保障

安徽在人才培养、引进方面都有重要举措，但是在人才稳定方面也要高度重视。由于人才培养的长期性和人才引进的不确定性，导致安徽在人才资源方面缺口很大。因而对现有人才的稳定就成为人才队伍建设和发展的重中之重了。有说法称"安徽省是人才流失大省"，这种说法实不为过。早在2004年，著名人力资源专家顾平安先生就曾说过，安徽省是人力资源大省，但在人力资源流失上，安徽排全国第五；而高层次人才流失，安徽排名第二。[2]时至今日，这种现象并没有太大改观，相反，有进一步严重的趋势。北京、上海、江苏、浙江和山东成为吸引安徽人才尤其是高层次人才的重要地区。在高层次人才方面，安徽一直为他省做嫁衣。人才流失的原因是综合性的，也很复杂，但总结起来主要原因无外乎工资待遇问题、发展前景问题、发展环境问题、政策支持与保障问题等。因此，要想真正地留住人才，需要真正在事业留人、待遇留人和感情留人上下大功夫、下足功夫、下狠功夫，而不是嘴上说说、文件摆摆、制度挂挂那么简单了事。

三、提供政策优惠和制度保障

政府的扶持是创新发展的重要保障，这主要体现在经费的支持、政策的优惠以及政府的行政管理工作效率等方面。

（一）加大科技经费的投入

创新的开展离不开充足的经费支持与保障，如果没有经费的投入和支持，任何创新只能停止。有专家研究指出："长短期来看，我国企业和政府的

---

① 余明江：《人才强省与人才发展双向过滤模型探析——基于安徽省人口第六次人口普查资料的研究》，《合肥师范学院学报》，2014年第2期。

② 《人力资源大省安徽高层次人才流失全国第二》，2004年10月31日，网址：http://news.sina.com.cn/o/2004-10-31/14404096592s.shtml。

科技经费投入对经济增长的影响效果都比较明显，这说明我国科技经费投入已经成为促进经济增长的重要手段。加强科技投入，促进科技创新，对于推进经济结构调整优化、实现经济发展方式的根本性转变，推动经济社会全面协调可持续发展，具有十分重要的意义。"①安徽的科技经费投入与华东地区其他省市相比已经落后许多，在科普经费筹集额上也落后全国很多地区，这种现象提醒我们，要想实现区域经济的创新发展，加大科技经费的投入是必需的，也是非常重要的。

(二)在创新产品的税收、价格和补贴政策上给予优惠倾斜

创新产品的投入使用需要得到广大消费者的认可，政府可以在税收方面给予优惠从而降低消费者的购买成本，为创新产品的推广提供机会。政府还可以通过直接补贴消费者，提高对创新产品的需求。当然，政府的优惠补贴等要适度，既不能太低，也不能太高，太低影响企业创新产品的研发，太高同样也阻碍企业创新产品的研发。一句话，政府补贴应该适度，专家建议补贴的适度区间应为 0.0009~0.0399。②

(三)完善融资机制，拓宽融资渠道

金融机构在向高新技术企业提供贷款时往往要企业抵押厂房、设备等有形资产，其实这种观念应该转变，企业的商标、专利等也可以成为抵押财产，这就大大灵活了融资渠道。同时，政府在企业与金融机构之间应该积极搭建舞台，多渠道、多途径加速企业与金融机构之间的合作。就安徽乃至全国的投融资现状来看，私营资本、国外资本及民间资本的参与力度不够，比例偏小，这种现状也应该改变。此外，安徽的中小企业融资困难，生存状态堪

①　杨志江、罗掌华：《我国科技经费投入与经济增长的协整分析》，《科学管理研究》，2010 年第4 期。

②　毛其淋、许家云：《政府补贴对企业新产品创新的影响——基于补贴强度"适度区间"的视角》，《中国工业经济》，2015 年第 6 期。

忧。在这方面,专家建议淡化所有制强化所有权,理顺企业的资本组织形式,建立中小企业认定标准和各项统计,促进债务资金融通,促进权益资本融通①,如此,中小企业在融资方面的问题可以减少,发挥出了中小企业的创新能力和实力。

(四)改善政府行政管理程度

安徽政府行政管理绩效与安徽省经济发展的现实要求还存在一定差距,造成这种差距主要与政府管理人员的素质不高、政府管理中的监督缺位、现行政策之间的"打架"现象、发展中的认识误区等有关。因而,要提高安徽省政府行政管理效率必须在以下六个方面下功夫,第一在理念定位上牢固坚持以人为本,"它不但可以加强个人与其所属的集体的密切程度,还能加强个人、集体、国家和社会的密切程度,以求人本原则在国家和社会的一切事务和活动中体现出来,从而推动整个社会的文明和发展"②。第二在职能定位上实现全方位的角色转换,"随着改革向纵深发展,地方政府需要从过度参与经济中退出,行使维护市场经济制度有效运行的职能,只有在有限和有效的政府行为模式下,整个社会的经济才会充满活力并取得持续发展,这一步对于中国的经济转型而言任重道远却至关重要"③。第三在目标定位上完善政府的公共服务职能,强化政府公共服务职能的指导思想和基本原则,建立和健全公共财政体制,加大政府对公共服务的投入,从安徽省情出发,建立安徽特色的公共服务模式和公共服务体系。第四在路径依赖上切实尊重和保障人权,因为政府的职权来自人民的授权,而人民则是通过法律来授权的,"不仅法律禁止的行为政府不能为,法律没有授权的行为政府也不能为"①。

---

① 郭励弘:《中国投融资体制改革的回顾与前瞻》,《经济社会体制比较》,2003 年第 5 期。
② 何新春:《深化政府行政管理体制改革探析》,《江西社会科学》,2005 年第 2 期。
③ 邢华、胡汉辉:《中国经济转型中地方政府的角色转换》,《中国软科学》,2003 年第 8 期。

第五在方法选择上要完善政府运行机制。第六在管理取向上积极创新政府管理模式。目前我国政府的官僚制还比较严重，一些地方省级政府也是如此，主要表现为政府职能分工过细，政府层级控制太严以及公务员稳定性过高等，安徽省应该在管理模式上有所创新，可在市场化、参与式、弹性化等管理模式上进一步探索和实践。

四、着力完善知识产权制度，加快知识产权强省建设

"知识产权制度是一个为共同体智慧最大化而均衡对价的制度安排，是产权分配再分配对价平衡的博弈机制"②，知识产权制度的完善对科技人员的创新有着重要的激励与保护作用。首先要高度重视知识产权保护。在知识产权保护意识方面，安徽有待加强。每年世界知识产权日③，上海、江苏、浙江等地都举办知识产权联席会议，安徽应该吸取相关经验，举办相关活动来提高民众的知识产权保护意识。除了高度重视之外，安徽还应该成立知识产权法院，专门负责知识产权相关案件的办理。同时要创新高等教育人才培养模式，培养创新型人才，"只有培养了大批创新型人才，通过他们的创新工作，才能研发出具有自主知识产权的创新产品"④。此外，还要加大宣传教育力度，提高安徽省人民的知识产权保护意识。其次要建立统一的专利、商标、版权公共信息和服务平台，为社会提供更完善、便捷的知识产权信息和服务。在建立平台之后更要充分的利用，而不是流于形式。有研究人员对我国部分省级

---

① 吴传毅：《由人权保障原则看人本政府的构建》，《北京行政学院学报》，2008年第4期。

② 徐瑄：《视阈融合下的知识产权诠释》，《中国社会科学》，2011年第5期。

③ 世界知识产权日（The World Intellectual Property Day），由世界知识产权组织于2001年4月26日设立，并决定从2001年起将每年的4月26日定为"世界知识产权日"，目的是在世界范围内树立尊重知识、崇尚科学和保护知识产权的意识，营造鼓励知识创新和保护知识产权的法律环境。

④ 王金平：《我国知识产权保护现状及应对策略》，《中国报业》，2015年第11期。

科技信息机构进行调研，结论指出在 2008 年以来开展专利信息服务的业务量方面，有 6 家被调查机构提供了反馈。获得的数据显示，我国科技信息机构开展专利信息服务的业务数量并不算太多，除一家机构达到 1000 件的规模以外，其他科技信息机构的业务量均不足 400 件。[①]第三要建立知识产权侵权查处快速反应机制，进一步营造良好的知识产权保护环境。尤其是在当今互联网发达的形势下，知识产权侵权现象颇为严重，为此安徽省要进一步完善知识产权保护的法律体系，采取多种形式的技术保护措施，诸如防火墙技术、加密技术、认证技术等。

习近平在河南考察时说："一个地方、一个企业，要突破发展瓶颈、解决深层次矛盾和问题，根本出路在于创新，关键要靠科技力量。要加快构建企业为主体、市场为导向、产学研相结合的技术创新体系，加强创新人才队伍建设，搭建创新服务平台，推动科技和经济紧密结合，努力实现优势领域、共性技术、关键技术的重大突破，推动中国制造向中国创造转变、中国速度向中国质量转变、中国产品向中国品牌转变。"[②]习近平的讲话为未来中国的发展指明了方向和出路，安徽省在习近平新时代中国特色社会主义思想指导下，走创新发展的道路，未来一定会取得重大发展，成为社会经济发达的省份之一。

---

① 刘娅、雷孝平、黄东流：《我国科技信息机构知识产权信息服务工作现状调查与分析》，《情报理论与实践》，2011 年第 7 期。

② 《习近平在河南考察时的讲话》，《人民日报》，2014 年 5 月 11 日。

第二章
城乡协同展辉煌：
协调是安徽持续健康发展的内在要求

适应我国经济发展新常态，保持战略定力，加强调查研究，看清形势、适应趋势，发挥优势、破解瓶颈，统筹兼顾、协调联动，善于运用辩证思维谋划经济社会发展。

——2015 年 6 月 18 日，习近平在贵州调研时的讲话

安徽在协调发展理念的指引下取得了多方面的成就，迎来了新一轮的发展机遇，但也面临着一些挑战。无论是取得的成就，还是面临的挑战都有其深层次的原因。针对挑战，我们要群策群力，坚持攻关，努力为安徽协调发展添后劲，支撑安徽发展迈上新台阶。

第一节 安徽协调发展取得的成就和面临的机遇与挑战

一、安徽协调发展取得的成就

在党中央、国务院的正确领导下,安徽省主动适应引领新常态,加快调结构转方式促升级,推动形成经济社会平稳持续发展的良好态势,迈出了打造"三个强省"、建设美好安徽的坚实步伐,经济社会发展和各项事业协调发展,取得新的重大成就。

(一)经济总量迈上新台阶,进入中等偏上收入发展阶段

"十二五"期间,面对严峻复杂的外部环境,在省委、省政府的坚强领导下,安徽省经济保持了良好发展势头。预计"十二五"经济增速为 10.8%,高于全国约 3 个百分点。地区生产总值由 2010 年的 12263.4 亿元增长到 2015 年的 22005.6 亿元,与"十一五"末相比,总量增加近 1 万亿。人均生产总值由 2010 年的 3045 美元增长到 2015 年的 5779 美元,进入中等偏上收入发展阶段。财政收入由 2010 年的 2063.8 亿元增加到 2015 年的 4012.1 亿元。"十三五"期间,安徽经济稳步前进。"2016 年,年末全省全年生产总值(GDP)24117.9 亿元,按可比价格计算,比上年增长 8.7%。"[1]"2017 年,年末全省全年生产总值(GDP)27518.7 亿元,按可比价格计算,比上年增长 8.5%。"[2]"2018 年,年末全省经济总量突破 3 万亿元。全年生产总值(GDP) 30006.82 亿元,按可比价

---

[1] 安徽省统计局:《安徽省 2016 年国民经济和社会发展统计公报》,2017 年 3 月 6 日,网址: http://www.tjcn.org/tjgb/12ah/34838.html。

[2] 安徽省统计局:《安徽省 2017 年国民经济和社会发展统计公报》,2018 年 4 月 4 日,网址: http://www.tjcn.org/tjgb/12ah/35366_5.html。

格计算,比上年增长 8.02%。"①

(二)产业结构调整取得新进展,现代产业体系加快构建

产业结构持续优化,全省三次产业结构由 2010 年的 14:52.1:33.9 调整为 2015 年的 11.2:51.5:37.3。战略性新兴产业由小到大,产值由 2010 年的 2504 亿元增长到 2015 年的 8921.5 亿元,年均增长约 29%。规模以上工业增加值由 2010 年的 5601.9 亿元增长到 2015 年的 9817.1 亿元,年均增长 11.8%。

深入推进国家和省服务业综合改革试点,加快服务业集聚区和重大项目建设,服务业营业收入快速增长,2015 年服务业增加值占 GDP 比重 37.3%,比 2010 年提升了 3.4 个百分点。全省粮食生产实现"十二连增",实施农业产业化"671"转型倍增计划,农产品加工产值占农业总产值的比重逐年提升。"十三五"期间,安徽产业结构调整取得新进展。"2016 年年末,分产业看,全省第一产业增加值 2567.7 亿元,增长 2.7%;第二产业增加值 11666.6 亿元,增长 8.3%;第三产业增加值 9883.6 亿元,增长 10.9%。三次产业结构由上年的 11.2:49.7:39.1 调整为 10.6:48.4:41,其中工业增加值占 GDP 比重为 41.1%。"②"2017 年年末,分产业看,全省第一产业增加值 2611.7 亿元,增长 4%;第二产业增加值 13486.6 亿元,增长 8.6%;第三产业增加值 11420.4 亿元,增长 9.7%。三次产业结构由上年的 10.5:48.4:41.1 调整为 9.5:49:41.5,其中工业增加值占 GDP 比重为 41.8%。"③"2018 年年末,分产业看,全省第一产

---

① 安徽省统计局:《安徽省 2018 年国民经济和社会发展统计公报》,2019 年 3 月 20 日,网址:http://www.tjcn.org/tjgb/12ah/35778.html。

② 安徽省统计局:《安徽省 2016 年国民经济和社会发展统计公报》,2017 年 3 月 6 日,网址:http://www.tjcn.org/tjgb/12ah/34838.html。

③ 安徽省统计局:《安徽省 2017 年国民经济和社会发展统计公报》,2018 年 4 月 4 日,网址:http://www.tjcn.org/tjgb/12ah/35366_5.html。

业增加值 2638.01 亿元,增长 3.2%;第二产业增加值 13842.09 亿元,增长 8.5%;第三产业增加值 13526.72 亿元,增长 8.6%。三次产业结构由上年的 9.6:47.5:42.9 调整为 8.8:46.1:45.1,其中工业增加值占 GDP 比重为 38.9%,服务业增加值占比与全国差距由上年的 9 个百分点缩小到 7.1 个百分点。"①

表2-1 2018 年全省第一、二、三产业生产总值及增速②

产业分类	绝对数(亿元)	比上年增长(%)
第一产业	2638.01	3.2
第二产业	13842.09	8.5
第三产业	13526.72	8.6

(三)创新型安徽建设取得新突破,自主创新能力跻身全国前列

积极推进合芜蚌自主创新综合配套改革试验区和国家技术创新工程试点省建设,2015 年成功列入国家系统推进全面创新改革试验区。主要创新指标保持全国先进、中部领先水平。创新主体加速成长,全省高新技术企业由 2010 年的 1313 家增加至 3157 家,居全国前列。区域创新能力由全国第 15 位跃升至第 9 位,居中部第 1 位,专利综合实力首次进入全国前十强。"十三五"期间,创新型安徽建设取得新突破。"2016 年年末,全省有高新技术产业开发区 18 个,其中国家级 4 个。有高新技术企业 3863 家,其中当年新认定 964 家。"③"2017 年年末,全省有各类专业技术人员 228.4 万人,比上年增长 1.7%。科研机构 5360 个,其中大中型工业企业办机构 1348 个。"④

---

① 安徽省统计局:《安徽省 2018 年国民经济和社会发展统计公报》,2019 年 3 月 20 日,网址:http://www.tjcn.org/tjgb/12ah/35778.html。

② 安徽省统计局:《安徽省 2018 年国民经济和社会发展统计公报》,2019 年 3 月 20 日,网址:http://www.tjcn.org/tjgb/12ah/35778.html。

③ 安徽省统计局:《安徽省 2016 年国民经济和社会发展统计公报》,2017 年 3 月 6 日,网址:http://www.tjcn.org/tjgb/12ah/34838.html。

④ 安徽省统计局:《安徽省 2017 年国民经济和社会发展统计公报》,2018 年 4 月 4 日,网址:http://www.tjcn.org/tjgb/12ah/35366_5.html。

第二章　城乡协同展辉煌:协调是安徽持续健康发展的内在要求

（四）城镇化发展进入新阶段,初步进入城市型社会

新型城镇化建设稳步推进,2014 年获批成为国家新型城镇化试点省。顺利实施原巢湖市行政区划调整,合肥、芜湖、马鞍山等中心城市的集聚发展能力大幅提升。2015 年,合肥市经济总量占全省比重为 24.8%,比"十一五"末提高 2.9 个百分点,预计在全国省会城市位次由"十一五"末的第 15 位可提升 2~3 位。皖江城市带、合肥经济圈和皖北城镇群竞相发展的城镇化战略格局已初步形成。户籍制度改革进一步深入,农业转移人口市民化稳步推进,基本公共服务均等化取得阶段性成效。城镇化进程加快,全省城镇化率预计超过 50%,初步进入城市型社会,城镇化对经济社会发展的引擎作用明显。县城"三治三增三提升"成效明显,美丽乡村建设取得积极进展。"2018 年年末,全省户籍人口城镇化率 32.65%,比上年提高 1.59 个百分点;常住人口城镇化率 54.69%,提高 1.2 个百分点。"①

（五）区域协调发展稳步推进,实现国家战略全覆盖

皖江、皖北、皖西、皖南四大区域板块相继上升为国家战略,皖江示范区生产总值由 2010 年的 8406.81 亿元上升到 2014 年的 14027.23 亿元,占全省的 67%,人均地区生产总值超过 7000 美元。皖北地区纳入中原经济区规划,南北"3+5"合作共建现代产业园取得实质性进展。《皖南国际文化旅游示范区建设发展规划纲要》成为全国第一个以文化旅游为主题的区域规划。深入推进新一轮扶贫开发,六安、安庆两市整体被国家纳入大别山革命老区振兴发展规划范围,抓金寨促全省扶贫开发"5+1"工程全面实施,"十二五"以来累计减少贫困人口 118 万人。

---

① 安徽省统计局:《安徽省 2018 年国民经济和社会发展统计公报》,2019 年 3 月 20 日,网址: http://www.tjcn.org/tjgb/12ah/35778.html。

（六）开放合作全面升级，纳入长三角经济区

实施全面开放战略，形成全方位、多层次、宽领域的对内对外开放格局。东向发展取得实质性突破，全省成为长三角经济区的一部分。招商引资成效显著，"十二五"时期，全省累计吸收外商直接投资519亿美元，累计利用省外资金33172.4亿元、年均增长17.2%。对外投资明显突破，在境外设立企业（机构）400家左右，实际对外投资额超过30亿美元。对外贸易规模持续扩大，全省进出口总额由2010年的242.8亿美元上升到2015年的488.1亿美元，实现翻番。"在对外经济发展上，2018年，安徽全年进出口总额629.7亿美元，比上年增长16.6%。其中，出口362.1亿美元，增长18.3%；进口267.6亿美元，增长14.3%。从出口经营主体看，生产型企业出口增长20.1%，贸易型企业出口下降1.2%。从出口商品看，机电产品、高新技术产品出口分别增长23%和31.1%。"①

（七）改革深入新领域，重点领域改革全面推开

坚持市场化改革取向，推进重要领域和关键环节改革。农村综合改革、国资国企改革、财税制度改革、农村金融改革、行政体制改革、户籍制度改革等取得重要进展。行政审批、公共资源交易、基层医疗卫生体制、文化体制、农村土地确权等领域改革走在全国前列。在全国率先开展省市共建公共资源交易中心，颁布实施《合肥市公共资源管理条例》，为全国第一部公共资源交易领域的地方立法。在全国首创政府责任清单，公布运行省市县乡四级政府权力清单和责任清单。民营经济发展壮大，预计2015年全省民营经济占GDP比重提高至57.5%，民营工业对全部工业增长的贡献率超过80%。

---

① 安徽省统计局：《安徽省2018年国民经济和社会发展统计公报》，2019年3月20日，网址：http://www.tjcn.org/tjgb/12ah/35778.html。

第二章　城乡协同展辉煌：协调是安徽持续健康发展的内在要求

(八)生态强省扎实推进，"两型"社会建设成效明显

《安徽省主体功能区规划》的出台，明确了全省国土空间开发格局。巢湖流域、黄山市列为国家第一批生态文明先行示范区，新安江流域综合治理和生态补偿机制试点成为全国首个跨省流域生态补偿机制试点。开展农村土地整治，土地集约利用水平有较大提升，全省开发区每平方千米建成区完成固定资产投资较之"十二五"初提高四成左右。推进水资源节约利用，倡导城市节水和农业节水，严控工业用水，加强水源地保护，启动大别山区水环境生态补偿试点工程，确立水资源开发利用红线。深入推进循环经济示范城市、园区和企业建设，铜陵是全国首批循环经济示范创建市。实施了大气污染防治行动计划，工业废气、城市扬尘、燃煤小锅炉、秸秆焚烧、机动车尾气等得到有效治理。加大了对重点流域污染的防治，淮河、巢湖流域水污染防治取得实效，水质稳中趋好。"十二五"期间，全省万元GDP能耗累计下降21%以上，超额完成国家下达计划目标。"2018年年末，全省有省、市、县级环境监测站87个。全省16个省辖市空气质量平均优良天数比例为71%，比上年上升4.3个百分点；有1个市空气质量达到二级标准。全省PM2.5年均浓度为49微克/立方米，比上年下降12.5%。已建成国家级自然保护区8个，省级自然保护区30个。当年人工造林面积55.7千公顷。年末森林面积3958.5千公顷，活立木总蓄积量26145.1万立方米，森林蓄积量22186.6万立方米。"[①]

(九)民生事业加快发展，和谐社会基础进一步夯实

大力实施就业优先战略，积极推进大众创业、万众创新，合肥、淮北、芜湖、马鞍山4市获国务院全国创业先进城市称号。推进社会保障扩面提标，城乡统一的居民养老保险制度全面实施，困难群体社会救助制度实现城乡全覆

---

① 安徽省统计局：《安徽省2018年国民经济和社会发展统计公报》，2019年3月20日，网址：http://www.tjcn.org/tjgb/12ah/35778.html。

盖。创新公共文化载体和运行模式,积极开展"农民文化乐园"建设试点,公共文化服务体系建设走在中西部前列。全年城镇居民人均可支配收入由"十一五"末的 15788 元增长至 26936 元,农村居民人均纯收入由 5285 元增长至 10821 元,增速超过规划目标,高于经济增长。推进 33 项民生工程建设,2015 年民生工程累计投入 726.5 亿元,"十二五"期间年均增长 16%。在健康医疗方面,"2018 年年末全省有医疗卫生机构 24926 个,其中医院 1140 个、基层医疗卫生机构 23076 个、专业公共卫生机构 605 个,其他卫生机构 105 个。基层医疗卫生机构中,卫生院 1366 个,社区卫生服务中心(站)1891 个,村卫生室 15317 个;专业公共卫生机构中,疾病预防控制中心 120 个,专科疾病防治院(所、站)45 个,妇幼保健院(所、站)120 个,卫生监督所(中心)112 个。全省卫生技术人员 33.4 万人,其中执业(助理)医师 12.7 万人,注册护士 15 万人。乡村医生和卫生员 3.8 万人。医疗卫生机构床位 32.9 万张,其中医院、卫生院床位 31.2 万张。全年医疗卫生机构共诊疗 3 亿人次"①。

总体来看,安徽省"十二五"规划目标已经顺利实现,安徽已经站上了新的发展平台。"十三五"期间,我们将在省委、省政府的坚强领导下,坚持创新发展、协调发展、绿色发展、开放发展、共享发展,着力推进调结构、转方式、促升级行动计划,加快建设创新型经济强省、文化强省、生态强省,确保如期全面建成小康社会,奋力开创美好安徽建设新局面。

二、安徽协调发展面临的机遇与挑战

安徽协调发展已经取得显著成绩,但仍然有着较大的发展空间与潜力,这就需要我们分析现实、认清情况、把握机遇,促进安徽省协调发展向着更高

---

① 安徽省统计局:《安徽省 2018 年国民经济和社会发展统计公报》,2019 年 3 月 20 日,网址:http://www.tjcn.org/tjgb/12ah/35778.html。

第二章 城乡协同展辉煌:协调是安徽持续健康发展的内在要求

的目标迈进;同时我们也需要注意到当下在区域协调发展、产业结构协调发展、工业化、信息化、城镇化和农业现代化协调发展、城乡协调发展以及生态经济协调发展等方面面临的一系列问题和困境,以便探寻更好的解决办法。

> 近年来,安徽全省经济总体实力增强,区域经济发展取得了显著成绩。但是各地资源禀赋的差异加上行政壁垒的阻隔,地区之间的发展差距呈加大态势。而以资源最优配置为目的的区域经济形成与发展,既是社会经济发展到一定阶段的必然要求,也是市场经济的必然产物。长江和淮河将安徽省分割成皖南、皖中和皖北三大板块,形成了内部南北地理、文化和经济等内容差异较大的特殊省情。在此基础上逐渐形成了各具独特优势的 5 大经济区域:合肥经济圈、皖江城市带承接产业转移示范区、皖北地区、黄山国际旅游城和合芜蚌自主创新实验区。各经济区域只有协调发展,才能最佳发挥自身优势,才能最优配置资源,才能最大化本地利益。①
>
> ——王可侠(安徽省社科院经济研究所所长)

(一)安徽协调发展的新机遇

一是安徽在全国的地理位置较为优越。"创新活跃强劲、制造特色鲜明、生态资源良好、内陆腹地广阔是国家规划纲要定位的安徽'四大优势'。"②其中,内陆腹地广阔是安徽发展的显著优势。例如"向东看,安徽是长三角一体化发展的重要方面军;向西看,安徽是中部地区崛起的重要组成部分。'左右

---

① 王可侠、彭玉婷:《安徽"十二五"区域经济协调发展研究》,《学术界》,2010 年第 3 期。
② 吴林红:《全面小康 决胜在望》,《安徽日报》,2019 年 12 月 30 日。

逢源'的优势更加凸显,安徽发展的势头更加强劲。"①

二是各个经济区域相继推出,相互交错。目前在安徽省内已经形成了五大经济区域,在这些区域之间你中有我,我中有你,相互联系,密不可分。要推动安徽省协调发展的进步与完善,必须在具体问题具体分析、充分考虑各区域实际情况的基础上,抓住和利用这些区域之间的特殊关系,推动发展。如合芜蚌自主创新实验区与皖江城市带承接产业转移示范区、合肥经济圈、皖北崛起地带相重合,前者的核心发展内容必然对后三者起示范带动作用;而后三者与前者的重合,又将把自主创新的内容和成果在各自更广泛的领域内展开;如此更迭发展,可以使每个区域经济成果的影响和享用最大化。根据区域已经形成的某种经济优势打造区域经济,可以集中政策、资金和人力等加快发展,并形成影响力;同时,区域经济的交错可以使区域优势相互支持,从而发挥最大效用。如承接产业转移的皖江城市带可以借国际旅游地的吸引力,也可以借自主创新区的技术人才优势等来促进经济社会发展。

三是省会中心城市能级逐渐提升,区域竞争力不断加强。合肥都市圈抢抓安徽省列入国家系统全面创新改革试验区、国际航空港建设等机遇,初步形成了以合肥为中心、以交通干道为轴线的放射状城镇体系和产业基地。国家发改委发布的《长江三角洲城市群发展规划》,将安徽省合肥、芜湖、马鞍山、铜陵、安庆、滁州、池州、宣城等市纳入规划范围,提出将长三角城市群建设成具有全球影响力的世界级城市群。8个城市所在的皖江城市带作为安徽省经济最为发达、产业基础最为雄厚、创新能力最强、商业氛围最浓、开放程度最高、基础设施条件最好的区域,纳入长三角城市群,是一次重大历史机遇。《长三角城市群发展规划安徽实施方案》提出,"将合肥打造成长三角世界

---

① 吴林红:《全面小康 决胜在望》,《安徽日报》,2019年12月30日。

级城市群副中心城市"，"扩容升级合肥经济圈,增加芜湖、马鞍山市,完善都市圈协调推进机制,建设合肥都市圈,形成区域增长新引擎"。"扩容升级合肥都市圈、优化提升合芜蚌国家自主创新示范区、高质量推进皖江城市带承接产业转移示范区建设、积极谋划皖北承接产业转移集聚区建设、稳步推进皖西大别山革命老区脱贫攻坚、加快皖南国际文化旅游示范区绿色发展……安徽坚持以'一圈五区'建设为抓手,统筹推进区域协调发展,正在形成核心引领、板块联动、多点支撑、特色鲜明的区域发展新格局。"①

(二)安徽协调发展面临的问题与挑战

1.安徽省区域发展不协调的突出问题

安徽位于华东腹地,是我国的内陆省份,安徽交通便捷,资源条件优越,水资源、土地资源、矿产资源等自然资源都很丰富。根据安徽省的地理、文化、自然环境等多方面的因素可以将安徽省划分为四个大的经济区域体,包括皖北经济区域:淮北、宿州、阜阳、亳州、淮南、蚌埠;皖中经济区域:六安、合肥、滁州、巢湖(现已经被划分);皖江经济区域:安庆、铜陵、芜湖、马鞍山;皖南经济区域:池州、宣城、黄山。

从安徽省整个国民经济结构来看, 新中国成立以来农业的发展速度较慢,而工业部门的发展速度远远高于农业部门,服务业则远远滞后于农业和工业的发展,尤其是合肥和皖江经济区域的发展速度最快。从生产力布局来看,也是主要集中在省会合肥和皖江经济区域,这些地区工业投资多,基础好,吸引外来投资能力强。从安徽省的战略布局来看,政府强化了这些地区的优势地位,在资金投入上也是远远高于其他经济区域。各方面的原因融合才导致了如今安徽省区域经济差距如此之大。

---

① 吴林红:《全面小康 决胜在望》,《安徽日报》,2019 年 12 月 30 日。

新发展理念在安徽的生动实践研究

安徽省高度重视统筹区域协调发展,成功实现了皖江、皖北、大别山片区和皖南地区的国家战略全覆盖,全省4大板块彰显特色、多级支撑的区域增长格局已逐步形成,但受制于发展基础,各地发展不平衡、不协调的问题依然突出。

第一,板块间经济发展差距尤为明显。全省四大板块中,皖南和大别山地区主要为限制开发区域,经济发展不以工业化为发展方向,但同属于平原地区的皖江和皖北地区发展差距明显。常住人口占全省42.9%的皖北6市2014年地区生产总值仅占27.7%,人均GDP仅相当于全省平均水平的64.2%。而常住人口占全省45.4%的皖江8市地区生产总值占比高达65.6%。2014年皖江地区固定资产投资增速比皖南国际旅游文化示范区、皖北六市、合肥经济圈分别高0.7百分点、1.1百分点和2.5个百分点,经济发展后劲普遍强于其他板块。

第二,人口流动与资源承载力不匹配。随着工业化快速推进,安徽省常住人口回流现象有所增加,在新增人口中,综合承载力较弱的皖北地区吸纳较多,人口流动与资源环境承载力不匹配的问题突出。从常住人口看,2011—2014年全省新增115.5万人,其中皖北地区新增60.9万人,占全省的52.8%,高于2014年皖北地区常住人口占全省比重(42.9%);皖江地区新增53.2万人,占比46%,马鞍山、芜湖、铜陵、池州、宣城沿江5市占比16%。从城镇常住人口看,2011—2014年全省新增312.3万人,皖北地区新增134.6万人,占比达到43.1%;皖江地区新增170.3万人,占比54.5%,沿江5市占比21.1%。

第三,贫富差距有待进一步缩小。2014年全省城镇常住居民人均可支配收入24839元,农村常住居民人均可支配收入9916元,城乡居民收入比达到2.5:1,其中,皖北地区除淮南、蚌埠和亳州外,其他3市的城乡居民可支配收入比均高于全省平均水平,而皖江8座城市全部低于全省平均水平。2010—

2014年,皖北地区城乡居民收入比平均下降了16%,低于皖江地区2.6个百分点,由此看出,皖北地区调整收入差距、促进社会公平的工作有待进一步加强。

第四,城乡基本公共服务水平差距较大。全省城镇人口平均受教育年限为9.77年,农村为7.59年,比城镇少2.18年;2014年淮南市城镇非私营单位就业人员平均工资59212元,全省最高,是最低宿州市39002元的1.52倍;铜陵市万人拥有医疗床位数达到67.6张,是最低亳州市(27.9张)的2.43倍。城乡基本公共服务领域的历史欠账,成为"十三五"时期安徽省推进新型城镇化综合试点省建设难以回避的问题之一。

第五,国家级战略平台亟待进一步完善。目前皖江、皖南、皖北和大别山区虽已实现国家战略全覆盖,但皖南国际文化旅游示范区建设刚刚破题,皖北"四化"协调发展、大别山片区区域发展与扶贫攻坚仍在起步过程中,皖江地区承接产业转移则面临较大的转型压力。此外,安徽省尚没有新形势下引领区域发展的自由贸易区、国家级新区等新型战略平台。从海关特殊监管区来看,安徽省目前也仅有合肥综合保税区、合肥出口加工区、芜湖出口加工区3家,少于江西的5家,更少于上海的10家,江苏的18家。

第六,中心城市能级和带动力仍不够强劲。近年来,安徽省实施中心城市带动战略,合肥、芜湖、安庆、蚌埠、阜阳等市迅速崛起,但总体看中心城市规模和影响力不高,对周边地区的辐射带动作用不强。目前安徽省尚没有市区人口超过500万的特大城市,人口100万以上大城市只有5个,远少于江苏和浙江。合肥市区人口和人均GDP均仅为南京、杭州的三分之二,建成区面积仅为南京、杭州的56%和83%,与长三角世界级城市群副中心的定位还有较大差距。

2.安徽省产业结构协调发展的主要问题

"十二五"以来,安徽省经济发展总体态势良好,地区生产总值保持了年均23.8%的增长率。产业总体增长较快,其中第二产业发展迅速,2011年,工业对经济增长的贡献率达63.47%,工业成为全省经济发展的主导力量。第一产业占GDP的比重为13.17%,与全国相比高出3.17个百分点,第三产业占GDP的比重远低于全国平均水平,产业结构仍存在不合理现象。尤其与东部发达地区相比,安徽省产业整体水平仍然较低,产业结构的低层级化已经严重制约了安徽省经济的进一步增长和新型工业化进程。

第一,产业结构的整体层级较低。一是产业的技术水平不高。2011年,安徽省劳动生产率仅相当于全国平均水平的60.1%,从三次产业看,第一产业的劳动生产率占全国平均水平的70.59%;第二产业接近全国平均水平的81.84%;第三产业的劳动生产率与全国平均水平相差很大,不及全国水平的一半,仅为44.64%。二是产业可持续发展能力较弱,虽然自2011年以后安徽省高耗能行业增速明显放缓,但是比重仍然较大,这对全省新型工业化建设提出了严峻的挑战。三是第三产业发展缓慢且发展较不平衡。按照产业结构演变规律,随着经济的发展,产业重心应逐渐向第三产业转移。但是安徽省第三产业发展缓慢,第三产业占全省GDP比重从2007年37.9%连续下滑到2011年32.52%。同时第三产业发展不平衡,结构尚欠合理,其中批发和零售业、交通运输仓储邮政业、房地产业、教育等传统产业产值占53.4%,传统产业比重仍然偏大。

第二,产业集约化程度不高,行业竞争力较弱。安徽省产业集群的培育和发展比较缓慢,而且集群内企业间的构成不够合理。安徽省的龙头企业大多与本地的中小企业没有业务联系,配套产业目前不能满足买方需求,这就造成了整个链条的断裂,从而影响整个工业的发展。与浙江、广东等沿海发达地区比较,目前产业弱势主要表现在:一是分工程度有限,没有形成完全意义上的专业分工与协作的关系,中小企业专业化生产优势不明显,缺少龙头企业,无法起到带头促进作用;二是集群内企业间关联程度较低,各自为战,缺少较为完善的分工合作体系,从而缺乏整体竞争力;三是产业集聚地的配套措施不完善并且缺少相应的政策体系来支持产业集群化,同时产业集群的治理模式也存在一定问题。

3.工业化、信息化、城镇化和农业现代化协调发展的问题

近年来,安徽省在促进"四化"协调发展方面虽然取得了一定的成效,但较全国和发达省份发展水平来看,安徽省的总体发展水平不高。

第一,产业结构和布局不合理。近年来,安徽省的产业以第二产业为主,第一和第三产业相对薄弱,第二产业所占比重过大,会对环境资源等造成一系列的负面影响。安徽省各个区域间的"四化"发展差距较大,以蚌埠市为代表的皖北地区,"四化"的发展水平较低,工业化、城镇化以及信息化水平不高,农业发展水平较高;以合肥为代表的皖中地区,"四化"发展水平处于本省前列;以黄山市为代表的皖中地区,"四化"发展水平较低。皖北和皖中地区的第一产业比较发达,第二产业发展相对薄弱,皖南第二产业比较发达,这使得皖南地区农产品加工业发展受阻。这样的产业结构不利于皖南、皖北"四化"的同步发展。

第二,"四化"未能达到同步发展。安徽省工业化和城镇化都处于快速发展阶段,但是信息化和农业现代化发展相对滞后,且皖北地区城镇化滞后于工业化,城镇化和工业化发展的互动性不强,使得皖北地区工业化的发展未对城镇化起到良好的推动作用。安徽省工业化与信息化的融合度较差,发展方面仍存在很多问题,安徽省只有部分大企业在业务、技术、产品上实现了工业化与信息化的融合。农业现代化程度较弱,农业生产率较低,农民与城

市居民收入逐渐拉大。

第三，城乡统筹难以协调，体制改革落后。安徽省在农村的投入力度较城镇投入较小，使得城乡之间的基础设施、社会保障、公共服务差距较大，使得人力、资金等资源很难在城乡间流动。虽然确立了允许土地流转的制度，但是促进"四化"深度融合发展的制度仍不完善例如户籍制度、农民工进城落户制度、社会保障制度等都还不完善，严重影响了"四化"的协调发展。

4.城乡协调发展中存在的主要问题

城乡一体化综合配套改革试点工作开展以来，试点市在促进以工哺农、以城带乡、缩小城乡差距方面取得了显著成效，但也存在着一些问题需要加以重视并逐步解决，主要有以下三个方面：

第一，缺少有力的组织协调机构统筹推进。由于行政区划和行政管理体制方面的制约，一些矛盾和问题得不到及时妥善的解决，从而增大了试点的难度，影响了一体化的进程。如省直管县，由于市县管理相对独立，市对县的投入能投却不愿投，想投却不能干，造成在城乡一体化的规划、实施、协调和管理等方面不能有效衔接，导致成本上升、重复建设、资源浪费、效率降低等问题。再如铜陵市的江北飞地(铜山、安铜)与江北的郊区灰河乡分属不同的行政区划，工作沟通和协调难，使得两地在城乡产业布局、居住区的布点和道路的连接等方面难以对接，不仅不利于铜山、安铜两地发挥优势，发展"桥头经济"，而且制约了灰河乡的经济发展。

第二，居民住宅和土地确权不到位妨碍了土地流转和创业。在推进城乡一体化试点工作中，由于土地确权的滞后，确权证书缺乏有效性，无法实现农村土地资本化，也就不能从根本上促进农村土地流转、提高农业规模经营效率和农民财产性收入，不利于城乡一体化的进行。例如铜陵市已进行了确证发证试点，因确权证书得不到金融机构认可，不能进行抵押贷款和市场交易,大大影响了农民的生产积极性,还使农村土地流转工作中的纠纷增多、矛盾激化。再如农民集中到新的居民点,即使有了住房,却无法拿出房产证做抵押获得贷款,也不能进行房产交易,限制了资产盘活,压抑了农民自主创业、发展农村经济的积极性。因此,尽快制定和完善农村土地政策、解决好农村土地确权问题,是摆在我们面前的一项十分艰巨而亟待解决的任务。

第三,资金不足无法满足推进一体化建设需要。推进城乡一体化需要项目建设和资金投入作保障,特别是以"三集中"为主要手段的推进工作,更需要大量的启动资金。目前,省级财政没有相应的政策引导资金提供支持,多元化投入机制尚未建立,投资的主渠道仍然依赖市县政府的财政投入,严重影响城乡一体化试点工作的推进。据调研了解,各试点市推进城乡一体化建设均感到力不从心,受"三集中"必要前期费用和资金制约,一些已列入规划中的建设项目难以实施。特别是淮北市财力十分有限,资金压力更大,严重影响一体化的推进速度。因此,迫切需要建立省级引导资金,发挥财政资金"四两拨千斤"的作用,为城乡一体化试点工作推进提供动力支撑。

5.生态、经济协调发展的主要问题

安徽省地处长江、淮河中下游,长江三角洲腹地。近年来,安徽省经济快速发展,GDP 总量逐年上升,近 5 年全省 GDP 均居全国第 14 位。结合数据分析及各省对 2013 年经济发展的预期,2013 年安徽省 GDP 排名有望进一步靠前。单从经济发展来看,安徽经济发展势头良好,正处于黄金期,但是从经济、生态、社会角度来审视,安徽的发展方式单一,面临着诸多问题和挑战,最典型的就是以破坏环境为代价来发展经济。现阶段发展生态经济、走可持续发展之路已成为各省重要的战略举措。能否顺应社会发展潮流,抓住机遇,坚持以发展生态经济为目标,改善和保护环境为基本出发点,合理解决生态、经济、社会发展之间存在的矛盾,努力实现三个效益的协调发展,将是安徽面临的巨大考验。

第一,环境污染。安徽环境质量虽较往年已有所改善,但依然不理想,水污染较严重。比如巢湖和淮河水质重度污染,从 1988 年至今,淮河流域多次发生大规模污染事故。没有经过任何处理的生活污水以及工业废水被肆无忌惮地排到河道里,黑水横流、泡沫翻滚,不仅仅污染了河水,就连地下水也被污染。淮河两岸城市较多,人口密集,环境压力本来就很大,加之这里是我国粮食主产区,当地一度兴起一些以农产品加工为主的工业,其中很多是高耗水、高污染的行业,淮河旁的很多企业并未对企业本身产生的污水进行处理,即使有些企业兴建了小型的污水处理设施,但处理池里满是垃圾,形同虚设,污染严重。近年来巢湖污染情况不见好转,水质已呈富营养化。安徽水旱灾害时常发生,受灾范围逐渐扩大,水土流失较严重,生态环境面临严峻威胁。

第二,城镇化水平偏低。经济发展水平是考量一地区生态经济发展状况的指标,生态环境再好,缺乏了经济发展也是不现实的,经济发展为生态经济发展提供了动力支撑。一直以来安徽省城镇化率偏低,与全国城镇化尚存一定差距,2012 年安徽 46.5% 的城镇化率远低于全国 52.6% 的平均水平,与 2009 年全国平均水平相当。近邻的江苏、浙江城镇化率已经大幅甩开安徽 16.5 个百分点和 16.7 个百分点。与中部地区相比,安徽省城镇化水平仍处于中部"洼池",在中部 6 省中城镇化率排倒数第二,仅领先河南省。据统计,安徽区域城镇化分布不均衡,城镇化水平较高的区域是合芜蚌示范区和皖江示范区,其次是皖南地区,皖北地区较低。2012 年城镇化率最高的铜陵城高达 76.3%,而最低的亳州城镇化率仅为 33%。偏低而区域差距较大的城镇化率制约了安徽省的经济发展,为安徽省的生态经济发展带来了不利影响。

第二节　安徽协调发展取得成就和存在问题的内在深层原因

一、安徽协调发展取得成就的深层次原因

(一)发展中始终强调遏制并缩小区域间发展差距

安徽在长江、淮河这"一江一河"的分割下,分成了皖北、皖中、皖南三个区域,三个区域之间的经济发展、地理环境、人文社情等都具有较大差异,有的区域的部分地区在其发展过程中由于地理条件相对恶劣、经济基础较差等因素,它们的经济发展在市场竞争中处于劣势,市场机制的极化效应会使此类区域优质人才和资源外流,加大区域发展难度。例如从如下图表可以看出,皖北地区的阜阳市、淮北市,或是受限于薄弱的经济基础,或是受限于国内外能源市场的波动,在早年间经济总量较低、经济发展较慢;而根据2016年的数据统计,淮北市的GDP总量由200多亿元跃升至700多亿元;阜阳市也后来居上,年均9%的GDP增长率接近合肥、芜湖等省内一线城市。这也说明了近年来安徽在协调发展战略中始终避免区域发展差距的进一步扩大。相对于安徽省皖江地带各城市所具有的区位交通、经济基础、对外开放等优势条件,皖北、皖南部分地区则在自然环境、基础设施、资金技术、人才信息等方面处于明显劣势,区域增长幅度十分有限。对这些地区来说,区域发展成本进一步增大,发展门槛进一步提高,区域发展难度增大,因此近年来安徽省的政策框架有向上述地区特别是皖北地区倾斜的趋势,先后出台了《关于加快皖北和沿淮部分市县发展的若干政策意见》《关于进一步加快皖北地区发展的若干意见》《建设皖北四化协调发展先行区的意见》等文件,提出多

新发展理念在安徽的生动实践研究

条含金量高、支持力度大、操作性强的政策措施,这些具体政策将推动皖北
实现跨越式发展。

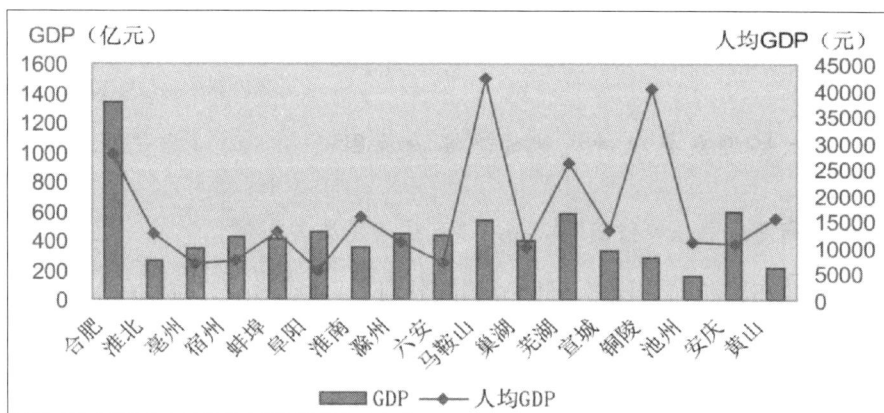

图 2-1　2007 年安徽省各市 GDP 和人均 GDP[①]

表 2-2　2016 年安徽省各市 GDP 排名[②]

城市	GDP 总量(亿元)	GDP 增速(%)	GDP 排名
合肥	6200	10	1
芜湖	2660	9.70	2
安庆	1500	8	3
马鞍山	1440	9	4
滁州	1418	9.30	5
阜阳	1401.9	9	6
蚌埠	1385.8	9.40	7
宿州	1320	9	8
六安	1108.1	7.20	9
宣城	1050	8.70	10
亳州	1030	8.80	11
铜陵	960	9	12
淮南	945	6.50	13

---

① 王可侠、彭玉婷:《安徽"十二五"区域经济协调发展研究》,《学术界》,2010 年第 3 期。

② 2016 年安徽省各市 GDP 排名,网址:http://www.chyxx.com/industry/201708/555032.html。

第二章 城乡协同展辉煌:协调是安徽持续健康发展的内在要求

续表

城市	GDP 总量(亿元)	GDP 增速(%)	GDP 排名
淮北	780	5	14
池州	583	8.20	15
黄山	576.8	7.80	16

(二)积极融入国家战略,协调发展把握政策机遇

2016 年安徽省出台《长三角城市群发展规划安徽实施方案》,提出基本形成与沪苏浙一体化发展格局,成为长三角重要的新兴增长极。2016 年以来,安徽省参与长三角一体化发展硕果累累,重大基础设施项目建设进度加快。杭黄高铁、商合杭高铁加快建设;徐明高速江苏段和泗许高速江苏段正在进行路基工程施工,分别争取年底前和 2017 年 10 月建成通车;长三角地区最大的电力互济工程"皖电东送"项目全部建成投产;"2019 年 12 月 1 日 7时 17 分,高铁阜阳西站。G7787 次列车载着一路欢声笑语,驶向上海虹桥站。这一天,商合杭高铁合肥以北段、郑阜高铁开通运营,标志着安徽成为全国第二个'市市通高铁'的省份,在全国路网大格局中的地位得到进一步提升。也是这一天,中共中央、国务院正式印发《长江三角洲区域一体化发展规划纲要》,安徽省全域纳入规划范围"[①]通过一系列的政策、举措的出台,有利于我们进一步挖掘安徽独特的区位优势,将自身发展融入国家整体发展规划的大战略中,推动安徽省与长三角经济区的一体化进程。安徽具有自己特殊的省情,"一江一河"将安徽省分割成皖南、皖中和皖北三个主要板块,三个板块之间的经济发展、地理环境、人文社情等都具有较大差异,而当下推动安徽省整体向长三角一体化靠拢,有利于为各城市各地区争取发展资源和劳动力市场、加快基础设施共建共享推进、促进市场体系一开放等,是当下我们需要

---

① 吴林红:《全面小康 决胜在望》,《安徽日报》,2019 年 12 月 30 日。

把握的重要机遇。

二、安徽协调发展存在的深层次制约因素

一是要素禀赋差异的影响。根据现代经济增长理论,可知经济增长受以下几方面的制约:资源约束,包括自然条件、劳动力素质、资本数额等方面;技术约束,技术水平直接影响生产效率;体制约束,体制规定了人们的劳动方式、劳动组织、物质和商品流通、收入分配等内容,规定了人们经济行为的边界。而资本、知识、技术、企业家才能等都是决定经济增长的内在因素,对经济增长贡献更为突出。安徽省虽然有丰富的自然资源和劳动力资源,但自然资源利用率不高,劳动力流失严重,资金、技术、企业等重要资源不足,第三产业缺乏相应的高素质人才,剩余劳动力主要集中在农业上,导致第三产业对外竞争力弱,发展严重滞后,致使安徽省产业整体缺乏创新,产业结构优化速度慢。

二是产业政策的影响。产业政策是政府为了实现一定的经济和社会目标而对产业的形成和发展进行干预的各种政策的总和。产业政策的功能主要是弥补市场缺陷,有效配置资源;熨平经济震荡;发挥后发优势,增强适应能力。由于诸多原因,安徽省在产业政策上存在一定程度的失误,在产业结构上体现为难以形成优势产业,没有发挥出安徽省的优势。特别是计划经济时期,集中发展重工业,致使安徽省第二产业畸形,第一产业停滞,第三产业萎缩。片面的脱离实际生产力水平和抑制人们需求的产业发展道路,对后来的经济发展产生了较大的影响。表现为重工业的发展无法带动农业和第三产业的发展,重工业间难以形成产业群,对外缺乏竞争力;各产业政策有差别,加大了就业结构的失衡。

三是企业自主创新能力不足。"十二五"规划实施以来,虽然安徽省的高

新科技产业有了较大的发展,但从总体来看主导力不强,缺少龙头企业,与沿海发达地区相比差距很大。自主创新能力不足是主要原因。省内企业群体之间竞争多,相互联系配合少;核心技术对外依存度高,企业研发投入较少,企业主要从事组装加工环节,产品附加值不高,而且缺乏品牌建设意识,导致整体竞争力不足。此外,与环渤海地区、长江三角洲地区、珠江三角洲地区相比, 由于地理位置的局限, 安徽省接受国际上新技术改革升级的影响较小,高素质人力资源也相对缺乏,严重影响了企业自主创新的发展。

第三节　群策群力调转促,为安徽协调发展添后劲

通过上文叙述我们可以发现, 当下安徽在协调发展中取得了巨大成就的同时,在区域协调发展、产业结构协调发展、工业化、信息化、城镇化和农业现代化协调发展、城乡协调发展以及生态经济协调发展等方面仍面临着一系列新的问题和困境,唯有脚踏实地、摆正心态,积极针对这些问题去思考、探寻解决方法,才是促进未来协调发展更好更快发展的根本路径。

一、促进安徽区域协调发展的对策

(一)切实找准促进安徽省区域协调发展的关键点

适应新常态下区域协调发展的新要求,“十三五”期间,安徽省有必要以主体功能区规划为基础,推进经济产业非均衡布局,带动和促进民生社会协调发展,发挥市场决定性作用,突出以人为本理念,加强战略平台建设,切实形成区域协调的政策制度保障。

其一,推动省域政策统筹,增强区域自生能力。新常态下,各地通过拼资源环境、拼政策优惠招商引资、发展经济的难度越来越大。《国务院关于清理

规范税收等优惠政策的通知》(国发〔2014〕62号)文件虽然没有最终实施,但国家清理规范税收优惠、引导各地转变发展思路的导向和趋势非常明确。我们应早作谋划,切实按照充分发挥市场决定性作用、更好发挥政府作用的要求,对省级层面区域政策进行系统梳理,对各地的优惠政策进行清理规范,最大限度地消除政策洼地,促进资金、劳动力等生产要素合理配置。同时建立完善对贫困地区、粮食生产核心区、重点生态功能区转移支付的系统平台,助力打赢扶贫开发攻坚战。

其二,加快国家级战略平台升级,提升综合承载能力。"十三五"期间,我们要继续推进皖江、皖南、皖北和大别山四大国家区域战略规划实施,同时加大重点区域、重点轴带、重点板块的开发力度。抢抓长江经济带建设机遇,把皖江开发开放放在全省发展的首要位置,重点推进合芜马、合宁、合铜池三条主轴带建设,加强合肥"核"与皖江"轴"的经济联系,进一步提升沪宁合主轴带功能。同时抓紧谋划申报设立国家级新区,支持有条件的市设立综合保税区、保税港区、出口加工区等,鼓励国家级开发区和有条件的省级开发区争创长江经济带转型升级示范开发区。

其三,落实主体功能区规划,引导人口有序转移。区域协调发展最终要落到人的全面发展和社会公平正义上来。"十三五"期间,安徽省应坚持以人为本,深入落实主体功能区规划,逐步形成经济发展、人口布局和资源承载能力相适应的国土空间开发格局。明确支持皖北、皖西及皖南地区开展土地流转、规模化经营,加大对农村高标准农田建设、水利交通改造的支持力度,引导农村富余劳动力加速转移,逐步提高农业人均产出率,同步增加农业人口收入。重点支持皖江地区开发区域发展,将土地指标、信贷资金等发展要素向皖江地区倾斜,探索将"增减挂"扩大到全省范围,吸引人才特别是高层次人才向皖江地区集聚。

（二）多极支撑，区域协调构筑新格局

全省经济工作暨城市工作会议提出"大力促进区域协调发展，巩固多极支撑格局"。千钧将一羽，轻重在平衡。下好"十三五"发展的全省"一盘棋"，协调发展是决战制胜的要诀。统筹实施区域发展战略规划，在协调发展中拓宽发展空间。

1.巩固多极支撑格局，做好区域协调发展这篇大文章，需要从省外和省内两个层面发力

当前，国家大力推动实施"一带一路"建设、京津冀协同发展、长江经济带建设三大战略。三大战略体现了新常态下国家区域协调发展的新思路。全省经济工作暨城市工作会议在部署经济工作主要任务时，突出强调要大力促进区域协调发展，巩固多极支撑格局。

省经济研究院宏观服务部主任胡功杰认为，安徽省区域协调要以主体功能区划为基础，以居民收入同步提高和公共服务均等化为目标，以新型战略平台为抓手，以体制机制创新为保障。因为受制于发展基础，党和政府宏观层面的战略规划对安徽省虽然有着较强的指导意义，但不平衡不协调发展的问题依然突出，例如"人口流动与资源承载力不匹配；城乡区域居民收入和公共服务水平差距较大；国家级战略平台亟待进一步完善；中心城市知名度和带动力不强"[①]等。

省政府参事、省发展战略研究会会长程必定认为，做好区域协调发展这篇大文章，需要从省外和省内两个层面发力。从省外层面来说，安徽要全面对接"一带一路"、京津冀协同发展、长江经济带建设等国家战略，围绕打造长三角世界级城市群的新兴增长极，全面提升安徽省在全国区域发展和开放合

---

① 中安在线：《多极支撑　区域协调构筑新格局》，2016 年 1 月 12 日，网址：http://ah.anhuinews.com/system/2016/01/12/007171702.shtml。

作中的战略地位。从省内层面来讲,要统筹实施区域发展战略规划,引导各地充分发挥特色优势,形成竞相发展的生动局面,着力谋划和打造新的战略平台。"合肥经济圈,要围绕建设长三角城市群副中心城市,进一步突出产业协作、开放合作、创新驱动、协同联动,带动周边加快发展。"①

全省经济工作暨城市工作会议提出,打造引领合肥都市圈发展的新支撑。省经济信息中心预测处副处长阮华彪认为,要加快推动合肥国家级滨湖新区建设,通过大力推进改革创新、加速集聚高端产业、全面推动产城融合等举措,打造引领合肥都市圈创新转型升级的主引擎,加强合肥与周边城市在规划、交通、产业、环境和市场等方面的全面合作,提升合肥都市圈的影响力和辐射带动力,形成功能互补、布局合理、资源共享的城市发展新型态,从而提升区域的整体竞争力。

2.推进皖江、皖南、皖北和大别山四大区域战略规划实施,必须加大重点区域、轴带、板块开发力度

胡功杰认为安徽省应全面融入国家"三大战略",出台贯彻长江经济带发展战略实施意见,推进长三角一体化发展,促进五大区域板块竞相和协调联动发展……"要加快国家级战略平台升级,提升综合承载能力。在继续推进皖江、皖南、皖北和大别山四大区域战略规划实施的同时,加大重点区域、重点轴带、重点板块的开发力度"②。

省发改委皖江处处长张小忠认为,安徽省将继续发挥皖江示范区规划引领作用,推动示范区建设再上新水平;进一步强化项目支撑,推进江北、江南产业集中区,苏滁、郑蒲港新区现代产业园等重点园区建设;进一步深化改革

①② 中安在线:《多极支撑 区域协调构筑新格局》,2016 年 1 月 12 日,网址:http://ah.anhuinews.com/system/2016/01/12/007171702.shtml。

创新，积极推进园区合作共建，发展新业态、新模式，推广好经验、好做法；进一步加强协调指导，按照制定的皖江示范区建设重点工作任务抓好落实，形成示范区建设的强大合力。为了真正落实好这些举措，就需要我们加快推动皖江示范区调结构转方式促升级，力争在科学承接、创新驱动、产业转型、生态建设、机制创新等方面取得新突破，全力打造皖江示范区经济升级版，为实现率先转型发展、全面建成小康社会打下坚实基础。[①]

省发改委皖西处处长武海峰针对省内存在的一些突出问题，明确指出，"新的一年，皖西革命老区将以落实大别山革命老区振兴发展规划实施方案为抓手，大力发展特色产业，建设一批特色农产品基地和现代农业示范区，培育壮大农产品加工、纺织服装、汽车及零部件和旅游等优势产业，积极推进安庆高新区化工新材料产业集聚发展基地和六安大学科技园建设。加快实施合安九高铁、引江济淮、下浒山水库、金寨抽水蓄能电站等重大基础设施项目建设。加快实施长江防护林、新一轮退耕还林等重点林业工程，推进大别山区水环境生态补偿工作，加快霍山、岳西等国家生态环保与建设示范区建设。同时，大力开展精准扶贫，加快实施整村推进，积极开展产业脱贫、易地扶贫搬迁、智力扶贫、金融扶贫等重点扶贫工程"[②]。

阮华彪针对省内的诸多特殊优势，指出皖北地区要把握政策机遇，进一步加大综合交通、水利设施、生态环境等基础设施建设，全面改善发展的基础和条件，进一步加快工业化、城镇化进程，推动劳动力等各类优势资源向经济优势转变，推动皖北发展再上新台阶，打造全省发展的重要增长极。而皖南地区要以大黄山国家公园建设为契机，突出生态、文化与旅游的融合发展，全

---

① 中安在线：《多极支撑　区域协调构筑新格局》，2016年1月12日，网址：http://ah.anhuinews.com/system/2016/01/12/007171702.shtml。

② 中安在线：《多极支撑　区域协调构筑新格局》，2016年1月12日，网址：http://ah.anhuinews.com/system/2016/01/12/007171702.shtml。

面提升旅游业发展水平,打造世界一流旅游目的地。

3.突出地域特色和资源优势,走差异化发展道路,加大主导产业培育力度,提高工业化水平

全省经济工作暨城市工作会议指出,县域经济占全省经济半壁江山,是促进区域经济协调发展的重要基础。

阮华彪认为,在当前形势下,促进县域经济加快发展要突出地域特色和资源优势,走差异化发展道路,加大主导产业培育力度,提高工业化水平。同时,要注重以现代金融手段更好地调动县域经济资源,加大县域金融体制改革力度,优化县域金融发展环境,积极引导发展适合县域经济的金融产品和服务模式,加速县域经济发展。还要加快城镇化进程,找准区域功能定位,主动接受周边大中城市的辐射和产业转移,积极引导鼓励城乡居民开展创业,提高小城镇的就业吸纳能力。"此外,要加大对县域人才培训力度,积极创造有利于人才发展的软环境,尤其要加强包括青年技工和农民在内的基础人才培训,为县域经济的可持续发展提供有力支撑。"①

程必定认为,要按照彰显特色、创新驱动、开放合作、绿色发展要求,以提高发展质量和效益为中心,进一步扩大有效投入,打造一批工业强县、经济强县。积极做好特色文章,大力发展特色产业,做大规模、提升层次。"与此同时,还要积极做好配套文章,围绕中心城市主导产业,打造一批产业集群和专业镇。积极做好统筹文章,加快供水、电网、公路、垃圾处理等基础设施建设,提升农村基本公共服务均等化水平。推动美好乡村建设由点到面发展,启动一批中心村和美好乡镇建设。"②

---

①② 中安在线:《多极支撑 区域协调构筑新格局》,2016 年 1 月 12 日,网址:http://ah.anhuinews.com/system/2016/01/12/007171702.shtml。

第二章　城乡协同展辉煌：协调是安徽持续健康发展的内在要求

二、安徽省产业结构协调发展的对策

"十二五"以来，自国务院批准实施《皖江城市带承接产业转移示范区规划》后，安徽省积极地利用这一政策优势承接了来自沿海地区如长三角区域的相关产业和企业，然后通过产业转移有目的地吸收先进的技术和管理理念，增强自身的自主创新能力，从而实现产业结构优化升级的目的，实现经济的可持续增长并提升新型工业化进程。

第一，加快提升产业的技术水平。产业整体技术水平的提高依赖于企业的自主创新能力。从2011年的数据来看，安徽省劳动生产率较低，尤其第三产业的劳动生产率不及全国平均水平的一半。因此，需要通过承接国内外的产业转移，引进优秀的人力资源、先进的技术、经营管理理念和市场营销策略，以提高第一产业劳动生产率，加快促进第三产业的发展，使第二产业得到均衡发展。以人力资源、资金、高新技术等为支撑，形成自主创新能力开发自主技术，从而利用外力优化区域内产业结构，促进经济发展方式转变。

第二，承接关联度高的产业和企业。根据安徽省的现状，坚持一切从实际出发，依靠皖江城市带规划所形成的区位优势、市场优势、人才优势，重点承接与本区域优势相关的产业，突出本地区的特色，使得皖江城市带在承接产业转移过程中形成自己的产业优势。从本地区优势产业出发，接受一些与现有产业关联度高的企业，形成一整套的产业链，加快产业集群，使企业不再只停留在低附加值的加工贸易的环节，增强企业间相互协同，不同企业占据不同的供应链与价值链环节，使得产业集群内部企业具备不同的能力，一些小企业可以在整个产业集群的分工体系中专注于产业价值链的某一特定环节，提高企业的生产效率并能够使之在技术和工艺方面有自身的特色，深化了集群组织内部的专业化分工程度和相互依赖程度，进而形成产业集群

的范围经济,提升现有优势产业的规模和市场竞争力,促进产业结构的优化升级。

第三,增强企业可持续发展能力。在创新内部制度和培养优秀人才的基础上,积极承接东部地区可持续发展能力强的企业,鼓励省内企业清洁生产,实现废物循环利用,加强对一些高污染企业的考核监管,积极宣传环保理念,增强员工的环保意识。同时在承接东部地区和国际上新的产业转移时,对一些高耗能高污染产业要拒之门外,决不能走先污染后治理的老路,要时刻将绿色环保的可持续理念贯穿于整个产业转移过程中。

第四,改善第三产业的发展结构。目前,安徽省第三产业发展不平衡,其中传统产业比重过大,缺乏竞争力。安徽省应着重发展第三产业中的新兴产业,打造与之相匹配的产业链,加强现代化的交通通信和科学技术,全面普及电子计算机在商业外贸、金融保险、旅游宾馆、信息管理等领域的应用,吸引沿海和国际上具有发展潜力的第三产业来安徽投资经营,促进第三产业均衡发展,改善第三产业发展结构。

第五,优化经济发展环境。一个地区的经济发展环境对承接产业转移有直接影响。只有建立良好的投资环境才能吸引到更多沿海和国际化企业的投资,因此,在相对低廉的劳动力成本和市场优势下,安徽省应努力从基础设施、资金扶持、政务服务等方面来优化投资环境。对转移来的产业,尤其是新兴产业和朝阳产业提供一定的资金扶持并提高行政审批效率,提高服务水平,为外来投资者提供良好的政务环境,以吸引更多龙头型、组团型企业带动安徽省的经济发展。完善皖江城市带周边区域的交通基础设施,提高地区的物流水平,降低产业转移成本,提高集群内企业间的关联度,同时加大产业集群地的配套措施投入力度,集中利用土地,优化资源配置,减少污染,形成规模园区,完善园区周围的环境建设,以便更好地发挥产业集聚效应。

三、促进安徽省"四化"协调发展的对策

第一,调整产业结构。用新技术、新装备改善传统产业,推进工业化与信息化的协同发展,吸纳更多的现代工业产业体系,利用现代的工业产业体系发展农业,促进农业的技术革新。在农产品上利用先进的技术和设备,探索农机结合的新途径,提高农业的现代化水平,并且制定相关的政策,促进皖北地区第二、三产业的发展,并把更多的资源分配给第三产业,促进第三产业同步发展。

第二,促进工业化与城镇化的深度融合发展。工业化与城镇化。两者为促进协调的融合发展,需要良好的科学规划理念来指导。大力发展安徽省的支柱产业,加深产业之间的关联,培育一批具有发展潜力的企业,鼓励其开发拥有自己品牌特点的产品和服务,鼓励产品向高端配套、深度加工方向发展,从而促进工业化的发展。确立产城融合的发展理念,用工业化来带动城镇化的发展,提高工业化的发展进程,更多地吸纳农村的剩余劳动力,以产业的发展来促进城镇化的发展进程,促进城市工业园区的发展,加快工业园区的建设,实现城市与工业园区的配套对接。

第三,促进信息化与工业化的深度融合发展。坚持工业化促进信息化,信息化带动工业化的深度融合发展。充分发挥产业和资源的优势,增强自主研发能力,加速高端产业的集聚,提高核心技术生产力,引进工业信息化产业,利用信息技术使得工业产品形成模块化、数字化的设计模式,促使产品敏捷制造模式迅速发展。在运用信息技术的基础上,坚持走科技含量高,环境污染小,经济效益好,能够使人力资源得到充分利用的新型工业化道路。

四、加强城乡协调发展的对策

推进城乡一体化是省委省政府根据中央战略部署作出的重大决策,也是安徽省实现科学发展、奋力崛起的必由之路。积极稳妥做好试点工作,尽快发挥试点的示范效应,实现以点带面,普遍推进的目的,必须加快城乡一体化试点工作进度,统筹协调好各试点市开展工作。

(一)加大对试点市的指导和支持力度

切实加强领导,尽快建立省级试点工作协调领导机构。随着试点工作的不断推进,亟须尽快召开省城乡一体化试验协调领导小组第一次会议,以明确领导小组成员,确定领导小组及办公室职责,研究解决试点工作中的突出问题,部署下一步推进城乡一体化工作重点。进而通过建立推进省城乡一体化试点工作联席会议制度,加强省直各单位的协调配合,加强对各试点市的政策指导和切实支持,共同推进城乡一体化的工作。

(二)适当调整部分行政区划和行政管理体系

为解决市县同城管理矛盾、城市发展空间不足等问题。建议对马鞍山、芜湖、铜陵等市辖县行政区划按县改区模式进行适当调整,同时为3市跨江发展作必要的区划调整。

(三)给予推动土地流转的支持政策

首先,实行土地指标的动态平衡。建议由土地管理部门研究制定相关政策措施,报经省政府批准,在全省范围开展农村土地确权工作,真正保护农民的合法利益,实现农村住宅和土地承包经营权的市场化流动。对农村耕地、宅基地和建设用地置换和执行城乡建设用地增减挂钩政策,并实行宏观调控、动态平衡,置换指标可以在试点市范围内有偿调剂使用,支持和鼓励试点市积极探索多种形式的土地流转方式。试点市每年可安排当年土地拍卖收益的15%作为改革试点启动资金。通过土地开发复垦整理新增的建设用地指标，原则上按照4:3:3比例分配(40%用于农民居住安置，30%用于新型工业化，30%用于发展服务业)。其次，土地使用权和住宅确权。规范农村住宅、土地使用确权证书的发放，并赋予证书的有效性及融资功能。

(四)加强对试点市城乡一体化发展资金支持力度

参照合芜蚌自主创新实验区的优惠条件，建议省财政列出专项，建立城乡一体化发展引导资金。从2010年起连续三年，省级财政对试点市每年各补助1亿元，主要用于城乡一体化发展的基础设施建设，农民创业、就业培训，支持土地流转、土地置换铺底启动资金等。鉴于目前支农资金政出多门，资金使用比较分散，未能形成合力，发挥应有效益，建议省城乡一体化试验协调领导小组统一整合支农资金，调整财政支出渠道和项目，集中财力办大事，提高各项支农资金的使用效率。对农村合作银行发放的支持城乡一体化建设小额贷款，由省财政贴息1个百分点；试点市乡镇金融机构支农贷款达到60%以上可享受当地税收优惠政策；对农户小额信贷由财政给予贴息，免交全部营业税和所得税。

鼓励深化改革，支持大胆创新。鼓励试点市积极有为，敢于突破，给予改革试验的自主权和"试错权"。建议按照"先行先试、率先突破"的原则，要求试点市深化财政制度、农村金融、土地使用、行政管理等各项改革，积极探索消除城乡一体化的制度性和体制性障碍。在社会管理和服务方面，要逐步取消城乡户籍差别，建立统一的城乡居民就业、社保、子女入学、医疗卫生等社会服务体系，促进人口有序流动。要鼓励各类金融机构向农村布点，大力发展村镇银行、小额贷款公司和信贷担保机构，鼓励金融机构向农村扩大信贷规模，不断优化金融服务。要完善农村土地承包经营权流转办法，促进土地向规模经营集中。科学编制土地整治专项规划，推进城乡建设用地增减挂钩，创造条件进行"双置换"试点。

(五)淮北、合肥、马鞍山、芜湖和铜陵推进城乡协调发展的主要做法

淮北、合肥、马鞍山、芜湖和铜陵五市根据中央的战略部署和省委、省政府的要求,贯彻落实习近平新时代中国特色社会主义思想,以规划方案为引领,以组织协调机构为平台,加快工业化、城镇化步伐,积极实施民生工程,深化体制机制改革,全面推进城乡一体化进程。主要做法有:

其一,以组织协调机构为平台,强力推动城乡规划方案的制定和实施。为有效推进城乡一体化建设,各市不仅编制了总体规划和土地利用等专项规划,以及城乡一体化发展的实施方案、年度工作计划,而且都成立了城乡一体化综合配套改革领导小组或办公室,具体负责城乡综合配套改革工作的统筹规划、综合协调、推进指导、督查考核,形成了部门协助、上下联动的工作机制。合肥市整合市新农村建设领导小组办公室等多个涉农领导小组办公室,成立市统筹城乡综合配套改革领导小组办公室,形成了合力,提高了效率。铜陵市、淮北市成立了城乡一体化工作领导小组和工作推进组,分别从规划布局、产业发展、基础设施、公共服务、就业和社会保障、户籍改革、土地改革、生态环境、社会管理等方面全面推进。马鞍山市把市直各部门履行推进城乡一体化职责作为年度考核目标的重要内容,明确任务,强化措施,加强督查。

其二,以开发园区为载体,有效带动城乡产业整合发展。为加快推进工业化,带动农业产业化,促进城乡产业整合发展,各市坚持"工业强县富民""以城带乡,以城融乡",打破行政区划界限,积极支持开发区、工业园区和县域、乡镇工业聚集区合作发展,加快产业集聚,提高开发园区的经济规模和辐射能力,从而形成增长极,有效带动农业及农村经济的繁荣,促进了县域经济的快速发展。合肥市 2008 年工业经济在县域经济中所占比重达到

第二章　城乡协同展辉煌：协调是安徽持续健康发展的内在要求

42.8%，对县域经济发展的贡献率达到56.6%，而工业园区完成产值占全市规模以上工业产值的75%以上，增长极作用明显。马鞍山市进一步优化重点开发区，调整镇村工业集中区，着力做大做强卫星城、中心镇工业经济。目前，全市已形成以4个省级经济开发区为龙头，以6个重点乡镇工业集中区为支撑，以一批特色园区为依托的工业产业布局。截至2007年底，全市规模以上工业生产值1165.9亿元，工业发展集中度达到80%以上。

其三，以"三集中"为路径，加快推进新农村建设步伐。各试点市通过大力推进"三集中"，一方面加速了农民向工人和市民的转化，带动了城镇基础设施的建设，加快了城镇化进程；另一方面提高了农村耕地的规模化和集约化程度，带动了新农村建设，促进了城乡基础设施的一体化。马鞍山市通过"三集中"，全市农户承包耕地流转面积达88平方千米，占全市耕地总面积的18.7%。淮北市借鉴并创新出三种新农村建设模式，即村民自建模式、整体搬迁和集中安置模式、拆建改造"空心村"模式，其中，濉溪县百善镇启动了"521"工程，即重点建设5万人的凤凰新城集中居住区、2万人的钟楼集中居住区和1.2万人的张集集中居住区，改善农村居住条件，整治农村环境，提高农民生活质量，实现村民学习有去处、娱乐有场所、健身有器材、办事有服务。合肥市总结推广城中村改造、整村推进、环境整治、产业带动、强弱融合型五种模式，初步探索出了一条农村土地及宅基地整理、整村整体推进新农村建设、加快城乡一体化发展的新模式。

其四，以民生工程为抓手，全面实施公共服务均等化。各市根据财力，以民生工程为抓手，按照轻重缓急，有条不紊地推进城乡公共服务均等化。合肥市近年来实施了36项民生工程，涉及农村义务教育、医疗体系建设、乡镇综合文化站、体育健身工程等内容。芜湖市2008年实施32项民生工程，计划投入19.5亿元，积极实施惠民直达工程，惠民资金实行"一卡通"发放，并制定了《芜湖市城乡居民养老保险办法》。铜陵市 2008 年实施 30 项民生工程,涉及农村的有 24 项,重点完善城乡一体的新型农村社会保险制度,用于农村的资金投入超过 60%,农民受益面超过 90%。

其五,以体制改革为动力,积极促进要素资源的合理配置。各试点市以改革为动力,积极推进财政、金融、土地、户籍等制度改革,逐步增强乡村自主发展及与城市对接的能力,不断促进城乡一体化。合肥市出台了《关于农村土地承包经营权流转的意见》及配套文件,目前全市土地流转面积达453.8平方千米,占承包耕地总面积的 22%;2007 年整合市区的农村信用社成立了合肥科技农村商业银行,2008 年推进 3 县农村信用社组建成立农村合作银行,多渠道解决"三农"发展的资金需求问题。芜湖市修订《芜湖市户口管理制度改革暂行规定》,实现新划入城市新区户籍"一元化"管理,消除农民向城镇转移的体制机制障碍。马鞍山市积极探索建立放弃宅基地使用权和土地经营权补偿制度,引导和鼓励农民自愿以土地换股份、换社保、换就业;改进市、县区财政分配体制,进一步健全完善覆盖城乡的公共财政体系,大幅度增加对农村的投入。

五、生态、经济协调发展的主要对策

1.强化生态保护。安徽需加大生态保护力度,具体来说,安徽以皖江城市带和合肥经济圈生态安全为中心,构建江淮绿色生态屏障;以黄山、九华山等重点区域生态安全保护建设为中心,提高生态效益,构建皖南山区绿色生态屏障。此外还应加强耕地保护,继续实施退耕还林、封山育林,同时对一些废弃矿山、江湖河滩等废弃地和未利用地造林绿化。扩大绿化面积,改善环境污染,减少生态破坏,营造一个良好的生态发展圈。

2.加强生态经济建设教育。安徽省居民生态经济建设意识薄弱,安徽要加大生态经济宣传力度，普及生态经济知识，帮助人们树立绿色理念，弘扬生态文明。帮助居民树立符合自然生态原则的价值需求、价值规范和价值目标，将绿色化、生态化渗入到社会结构中。安徽可利用媒体向人们宣传生态知识，还可以利用名人效应，以知名人士做表率作用，向全省人民传递正能量。省内各学校可以组织学生参加关于生态经济的活动，比如知识竞答、辩论赛等，使更多人意识到生态保护的意义所在，让全民参与到生态经济的建设中来。

3.建立完善的生态补偿机制。"生态补偿，是一种让生态环境保护者或受害者得到补偿的制度设计。"①生态补偿机制是以保护生态环境、促进人与自然和谐为目的，根据生态系统服务价值、生态保护成本、发展机会成本、综合运用市场手段，调整生态环境保护和建设相关各方之间利益关系的环境经济政策。"2011年起，全国首个跨省流域生态补偿机制试点在新安江流域实施，通过两轮试点探索出'新安江模式'。"②由此，安徽省各市应有针对性地实行生态补偿机制。比如六安水资源丰富，为合肥提供了大量水资源，虽然六安经济发展滞后，但是生态环境保护较好，合肥经济发展水平较高，但存在环境污染，政府可以对六安给予生态补偿，在政绩考核时将生态环境这一指标考虑进去，综合考量政府所做贡献，这样就会比较公平，这只是其中一例，其他市也可采取这一措施。完善生态补偿机制，有利于安徽各地区根据当地情况，采取有侧重点进行发展的措施，提升安徽生态经济发展水平。

六、五大"实招"助推安徽协调发展行动

2017年，安徽将通过实施"一圈一带三区"建设工程、加强新型城镇化试点省建设等五大实招，着力推动协调发展行动，实现区域板块联动发展，提升

---

①② 夏胜为：《沱湖流域生态补偿明年1月起实施》，《安徽日报》，2019年12月28日。

新发展理念在安徽的生动实践研究

城乡一体化发展水平。何为"一圈一带三区"建设工程?据省发改委相关负责人介绍,一圈,即合肥都市圈,加快圈内一体化建设步伐,创建国家级合肥滨湖新区,打造全国有重要影响力的都市圈。一带,即皖江城市带,促进长江岸线有序利用和港口整合,推动跨江联动和港产城一体化发展。三区,一是皖北地区振兴发展,实施新一轮南北结对合作和园区共建,依托引江济淮、商合杭高铁等重大工程谋划沿线产业,推动皖北地区全面振兴。二是实施皖南国际文化旅游示范区建设"五个一"行动计划,推进 110 个重点项目,争取更多地市成为外国人 72 小时过境免签城市。高标准规划建设大黄山国家公园,完成规划方案编制,启动创建相关工作。三是深入贯彻大别山革命老区振兴发展规划,实施一批特色产业、生态环保、基础设施、基本公共服务项目。

同时,加强新型城镇化试点省建设。安徽将深入推进试点省建设三年行动计划,落实新型城镇化试点省建设的实施意见,推动"人地挂钩""人钱挂钩"机制落实,有序推进农业转移人口市民化。进一步增强城镇综合吸引力和承载力,充分发挥中心城市集聚农业转移人口作用,增强中心集镇的人口集聚功能,培育特大镇和专业特色镇。继续推进国家和省"多规合一"试点、中小城市综合改革试点、产城融合示范区试点、海绵城市试点、地下综合管廊试点等专项改革。健全农村产权流转交易市场,逐步建立进城落户农民在农村相关权益退出机制。

此外,加快园区转型升级。主要是通过严格控制全省开发区数量,同时以国家开展新一轮全国开发区审核公告目录修订为契机,争取每个县有 1 家开发区获得国家认可,探索未获国家公告开发区的整合途径,推动开发区由数量向质量转型。通过找准开发区平台与国家政策的结合点,争创各类国家级开发区、产城融合示范区、循环化改造示范试点园区,实现由粗放发展向绿色集约转型。通过拓宽开发区债券、基金、证券化等融资渠道,放宽民间投资领域,引导各类资本在园区设立创业投资基金、产业投资基金及股权投资基金,积极推广"PPP"合作模式,推出一批有稳定回报预期的项目,实现开发区由政府主导向市场主导转型。

第三章

大江南北美如画：
绿色是安徽永续发展的必要条件

我们既要绿水青山，也要金山银山。宁要绿水青山，不要金山银山，而且绿水青山就是金山银山。

——2013年9月7日，习近平在哈萨克斯坦纳扎尔巴耶夫大学的演讲

随着"美丽安徽"战略的实施，绿色产业发展日益成为安徽打造生态标杆强省的重要标志。不断调整各产业结构，在发展高效绿色产业的同时协调与自然之间的关系，促进城乡经济稳定发展等都已经成为打造"美丽安徽"的重要指标。

继《关于推进城乡建设绿色发展的意见》出台之后，安徽全省的绿色发展取得了长足的进展。基本形成了生活方式低碳绿色、建设方式高效集中、人居环境舒适宜业、生态空间山清水秀型城乡发展格局。然而坚持绿色兴皖并非一朝一夕之举，在安徽各个行业区域发展不平衡的大前提下，美丽安徽建设和绿色产业发展等均有可能受到规划与实际执行不足等制约。如何稳

步走好城乡一体化生态绿色建设,如何合理、科学地"走"出符合安徽城乡改造要求、美丽安徽践行理念、安徽品牌特色塑造的新路,应该成为现阶段安徽在践行"绿色兴皖"目标过程中需要不断思考的问题。

第一节 "绿色兴皖"发展取得的显著成就和面临的问题与挑战

一、"绿色兴皖"发展取得的显著成就

(一)创新制度,筑牢"美丽安徽"绿色屏障

秉承绿色发展理念,按照安徽省第九次党代会"打造宜居宜业生态强省"要求,把制度建设作为"绿色兴皖"的可靠保障,以《安徽省主体功能区规划》的出台,明确生态红线、科学布局家园;启动生态补偿机制,实现联防联控、合力治污,水环境稳中趋好, 为全国提供典型示范;以"PPP"为抓手,建立污水处理厂示范项目,"固定土地转让价款"竞争"污水处理服务费"的方式引业界瞩目。

在"绿色兴皖"的实践中,安徽坚持探索绿色崛起新路,通过制度创新,推进以最小的资源环境代价,支撑更长时期、更高

> **微评**
>
> ❖生态环境和民生密切相关,对破坏生态环境的行为要"零容忍"。
>
> ❖我们既要"求温饱",又要"盼环保",不能为了"温饱"忽略了"环保",也不能只顾"环保"不顾"温饱"。
>
> ❖如果违反自然规律,一味向大自然索取,大自然迟早会报复我们。
>
> ❖污染无地界,治理不能单打独斗,必须联合行动。

质量的发展,以生态文明建设托起山清水秀、天朗气清的美丽江淮发展规划的逐项实现。

(二)污染防治,守护碧水蓝天

合力治污,重拳出击,联防联控,打响呼吸"保卫战",促进区域空气质量不断改善。2014年,安徽省PM10平均浓度同比下降24.8%,总量减排指标全部超额完成年度目标要求,提前一年完成国家下达的"十二五"任务。

在守护蓝天的同时,安徽省铁腕推进重点流域水污染防治,挂牌督办、环评限批、负责人约谈等"利剑"高悬。2012年起开展大规模的巢湖治理,上马百余个生态治理工程,强力推行"河长制",巢湖流域跻身首批国家生态文明先行示范区。2015年上半年监测显示:淮河干流总体水质优,长江流域总体水质良好,巢湖湖区总体水质轻度污染,新安江流域总体水质优,全省16个设区的市集中式生活饮用水水源地平均水质达标率为97.8%,58个县城所在镇的65个集中式生活饮用水水源地平均水质达标率为92.3%。

从奔小康到要健康,从求温饱到要环保,"绿色兴皖"使喝更干净的水、呼吸更清洁的空气、享受更良好的环境这一民之所望,成为施政所向。

(三)改善环境,营造绿色家园

——截至2015年,成功创建霍山县、绩溪县、宁国市、岳西县4个国家级生态县,创建159个国家级生态乡镇;

——实施千万亩森林增长工程,全省已完成造林840万亩,建成森林长廊示范段4500余千米;

——利辛县江集镇,随着微动力污水处理站、污水管网、垃圾桶、垃圾清运车融入,告别"污水横流、垃圾遍地",村民家园干净整洁、花草繁茂,一举进入国家级生态乡镇行列;

——目前,全省已建设近2000个省级中心村。按照"绿色兴皖"规划,到

第三章 大江南北美如画:绿色是安徽永续发展的必要条件

2020年,全省80%以上的中心村达到美好乡村建设要求;

——从2013年起,安徽省以铁路沿线、公路沿线、江河沿线及城市周边、省际周边、景区周边为突破口,开展环境综合整治。垃圾污水治理、建筑治理、广告标牌治理、矿山治理、绿化改造提升,"三线三边"环境明显改观;

——2012年10月,安徽省启动实施千万亩森林增长工程,明确提出"到2016年,全省新增森林面积6667平方千米,森林覆盖率达到33%"。截至目前,全省已完成造林5600平方千米,池州、合肥、安庆成功创建国家森林城市;

——推广循环经济发展,一方面筛选了一大批工业、农业、服务业等循环经济典型作为省级试点,另一方面省循环经济研究院推广多功能大循环农业等,提高资源产出率。循环经济借力于"绿色兴皖"而欣欣向荣。

从上述的实例中可以看出,安徽省秉承良好的生态环境是最公平的公共产品,是最普惠的民生福祉这一价值理念,以美丽乡村建设、"三线三边"治理等为抓手,在生态建设上做加法,打造宜居美好家园的做法已初见成效,并将更大范围地惠及更多民众。

二、"绿色兴皖""美丽安徽"发展中存在的问题与挑战

安徽在"绿色兴皖"发展战略中,坚持以绿色发展是实施可持续发展战略、破解日趋严重的生态问题、摆脱目前能源困境的一种全新发展模式的理念,取得了成就和进步。但是受安徽长期以来所形成的特殊资源禀赋结构条件下安徽特色经济发展模式的影响,"绿色兴皖"也面临着如何坚持个性品牌建设、如何化解环境保护压力以及如何解决绿色发展与经济增长之间冲突的问题。

(一)安徽绿色发展面临的问题

近年来,安徽省绿色发展建设稳步推进,各项目标任务完成情况良好,

新发展理念在安徽的生动实践研究

总体及各子系统实现程度高,协调性增强。由于发展基础和条件等多种因素影响,少数指标未达到预定目标,需解决一些矛盾和问题,要突破一些发展瓶颈和障碍,需加大力度推进一些重要领域的改革。

1.个性品牌建设任重道远

近年来,安徽省绿色发展建设稳步推进,各项目标任务完成情况良好,总体及各子系统实现程度前靠,协调性增强。但受安徽经济总量不大,综合经济实力不强,人均国内生产总值与财政收入较低,各地区经济发展不平衡,产业投资结构中投资三产的比重呈逐年下降趋势,经济增长模式并没有实现靠第二产业带动向依靠第一、第二、第三产业协同带动转变等不利因素的影响,在打造"美丽安徽"过程中,创建具有"绿色兴皖"特色的个性品牌还任重道远。

近年来,安徽以绿色低碳循环、可持续发展为主要方向,以改革为动力,以培养生态文化作为重点,以建立和健全生态文明体系作为支撑,围绕生态文明风尚塑造、污染综合治理、生态保护建设、绿色低碳循环发展、绿色产业培育、绿色美好家园建设和巢湖、新安江、淮河、皖江流域的示范性建设七大工程建设工作目标,加大环境和原生态系统的保护力度,在秉承"金山银山和绿水青山"有机统一发展的前提下,构建符合长江中段流域资源特质和地域特征的绿色长廊,全面推进资源的合理利用及优化国土空间开发格局,协同推进城镇化、信息化、工业化以及新型农业绿色化和现代化并以此确立了安徽着力打造"绿色兴皖"名牌省的基本工作要求,形成了建设符合人类生存和发展的宜居宜业型绿色江淮美好家园的发展规划,但总体来看,截至目前,安徽并没有形成能够如成都、西安、重庆那样具有天时、地利、人和特点的,可单独作为独立城市标识名片式城市品牌,也没有形成如桐庐"一山一特""一山一景""一山一品"这样的特色模式。

第三章　大江南北美如画：绿色是安徽永续发展的必要条件

可以说，目前安徽乡镇建设总体发展才走完了"绿色兴皖"万里征程的第一步，在受经济条件的制约下，目前关于特色安徽品牌建设无论是在理论研究上还是在具体的实践中都还没有形成具有强有力支撑的理论体系以及可供汲取的经验，在城镇建设方面还停留在因经验缺乏而出现模仿其他省市"美丽城市"的建设，还处于"摸着石头过河"阶段。在一方面民众对"美丽城市"建设期待值越来越高、要求越来越迫切，而另一方面"绿色兴皖"所需资金相对匮乏的压力下，个别领导或者是部门，容易以"萝卜快了不洗泥"的急功近利心态，走上因借鉴而盲目发展的误区，从而导致在关注自身建设，发展取向和城市特色的过程中，由于区域内不同的省市发展基础资源和发展机会类似的情况下，出现几城一面或双胞胎城市现象。可见，在日常建设和发展过程中，安徽能否按照自身经济发展的实际需要及城市建设高速发展的资源优势，结合本地的经济、人文、气候、地理等特征来规划和设计"绿色兴皖"战略布局，以建设符合安徽省健康发展的具有独创性和独特性的品牌战略，不仅意味着安徽省所实施的"美丽安徽""绿色兴皖"战略是否与安徽本土实际相切合，同时也意味着"绿色兴皖"战略能否继续走下去并且走得通。

2.环境保护压力居高不下

首先是资源危机逐渐加剧。被称为资源大省的安徽，全省人均耕地仅867平方米，人均水资源1100立方米，人均森林面积573平方米，人均活立木蓄积量1.8立方米，与全国的平均水平相差甚远。煤、铁、铜等矿产资源储量较丰富，但品位高、埋藏浅、易开采的矿产几近枯竭，矿产资源开发占用了大量的土地。淮北市和铜陵市成为最新公布的全国第二批资源枯竭城市。生物多样性下降，目前有344种生物物种处于濒危状态，野生生物物种数量下降，使得安徽省许多优良品种资源损失严重。

其次是水生态环境问题突出,水承载污染负荷高居不下。淮河水环境仍旧存在污染问题。经治理后的淮河干流安徽段主要支流总体水质轻度污染。巢湖湖区水质及9条主要环湖支流整体水质中度污染。巢湖水体呈富营养化状态,湖泊水体治理与恢复难度大、周期长。淮河流域水体污染治理还受上流来水水质的制约。部分地区生态需水缺乏,地下水超采用引起潜水面下移和地面沉降,天然湿地面积减少,湖泊水面萎缩,调蓄洪能力丧失,生态功能降低。水资源时空分布不均,水旱灾害交替发生,抗御自然灾害的能力与灾害恢复能力较弱,水资源的供求矛盾加剧。

再次是"石油农业"问题突出,高投入、高消耗和土地肥力下降,农产品质量降低以及环境污染等。过量使用化学农药,污染环境,人畜受害;无节制投放化肥,污染农田和水源;农用地膜随处可见,白色污染加剧。

最后是城镇环境基础设施建设发展区域不均,城镇生活污水、生活垃圾处理率低的老问题一直没有得到很好解决,随着安徽省提高城镇化水平进程的加快,压力也将随之进一步加大。

3.绿色发展与经济增长冲突并存

绿色发展所强调的环境保护与安徽现行经济增长模式冲突并存的问题是由安徽特有的经济发展方式和产业结构所决定的。

与其他省市相比,安徽对于重工业产业依赖较重,经济结构和生产经营方式调整任务艰巨。煤炭开采和洗选业、电气机械及器材制造业、通用设备制造业、黑色金属冶炼及压延加工业等13个利润超10亿元的行业以其所累计实现的高额利润,占到安徽全部规模以上工业的84.9%,是安徽经济增长的倚重。如此,也就造成由重工业所带来的高污染、高排放,高污染与绿色发展理念相冲突现象,相较于其他长江流域省份问题更为突出。近年来,虽然安徽省委省政府决心下大力气解决这个问题,并已取得了一定的成效,但是从实际效果来看,与理想目标仍存在不小的差距。例如,安徽能源消耗强度仍高于全国平均水平。既然安徽经济结构具有重工业比重过重的特征,就会导致安徽要么放缓推行绿色发展的速度,要么降低经济增长的速度。如此一来,经济增长的冲突与绿色发展冲突并存的现象短期内还无法得到有效解决,这使得"绿色兴皖"发展面临多重困境。

首先,从企业层面来看,在利润最大化目标下,很多企业都不愿引入先进的绿色技术,而那些技术含量低、劳动密集型的高污染企业更是想方设法地规避绿色经济要求,不惜以牺牲社会利益为代价;另外,企业决策者对绿色创新的重要性认识不足,制约了绿色技术的发展;加之绿色经济专业人才队伍的缺乏,企业缺乏懂业务、技术和管理的绿色经济人才,导致企业环保技术难以向深度发展,缺乏后劲。

其次,从政府层面来看,尽管从政策上来说,政府是积极倡导发展绿色经济的。但是在遇到地区经济发展时,经济效益往往成为重中之重。因而在对企业提供绿色项目开发和服务方面,地方政府作用的发挥并不明显,所以无论是从政策机制方面还是奖励机制方面抑或是市场机制引入方面,政府在企业经济与绿色经济的取舍上更趋向于企业经济的提升,尽管这种经济提升是以粗放式为手段而实现并且形成对绿色经济发展的制约。

(二)安徽绿色发展面临的挑战

1.认识不清与观念落后

在绿色发展观念上,安徽与国内发达省市相比仍存在较大的差距,当发达地区纷纷出台政策和法规扶持、规范企业的活动并大力提倡绿色发展的时候,安徽全省的绿色发展理念还较淡薄。一方面,由于绿色理念是一个舶来品,加之安徽省环境保护工作起步相对较晚,特别是在社会宣传上力度不够,因此环保意识远没有得到广泛传播。不少企业,特别是中小企业,对环境问题缺乏紧迫感和危机感。部分公众由于缺乏个人关注或信息来源的相对狭窄,使得他们对绿色发展的目标、内涵和要求都模糊不清,进而难以有意识地形成绿色生活方式。另一方面,地方政府的政策措施出台相对滞后。有些地方政府虽然制定了本地区的绿色发展规划,但对绿色很少提及,缺乏发展的前瞻性。

2.传统经济增长方式转变的时滞性

长时间以来,中国的经济增长方式可以概括为"三高三低",即高投入低产出、高消耗低收益、高速度低质量,安徽更是这样。这种传统经济增长方式是典型的粗放型经济增长方式。改革开放以来,虽然经济增长方式上出现了许多新观点、新思想,提出了"探索新路子""转变发展方式"等战略思想。但是传统"三高三低"的增长方式却依然存在。在未来安徽的经济发展中,传统的经济增长方式只能逐步实现转变,不可能在短时间内得到彻底的清除和改造。毋庸置疑,这使安徽的绿色发展进程受到了影响。

3.绿色发展与经济较快增长期望存在一定冲突

改革开放以来,安徽省经济一直保持着较快的增长速度,并因此而成为一道亮丽风景线。但是从目前安徽经济增长的特征来看,如果安徽要大力推行绿色发展,至少在短期内势必会影响经济增长速度,那么安徽能否为了绿色发展而较大幅度降低经济发展速度呢?显然不太可能。原因有三:一是如果安徽为大力推行绿色发展而放缓经济发展步伐,那么其他中部省份会迎头赶上,而安徽可能将发展机遇拱手相让;二是从宏观全局来看,安徽省需要进一步壮大经济实力,以提高在全国经济中的地位;三是从安徽省内的情况来看,安徽更需要经济保持一定的增速,以满足安徽人民日益增长的美好生活需求,和解决一些需要靠发展才能解决的安徽问题。因此,从短期来看,经济增长的冲动与绿色发展存在一定的冲突。

第三章　大江南北美如画:绿色是安徽永续发展的必要条件

经济发展与社会发展不协调。当前最突出的经济社会发展不协调问题是:就业不足、社会保障体系不完善和分配不顺三大问题。较深层次的是教育、文化和医疗三大问题。在经济发展条件下,不能适时解决突出的社会发展问题,就会严重阻碍我国的经济社会发展进程,更谈不上绿色发展。

4.安徽省总体技术水平相对落后

安徽作为发展大省,总体技术水平相对落后。安徽经济由"黑色"到"绿色"、由"高碳"到"低碳"转变的最大制约因素,是整体科技水平相对落后,低碳技术的开发与储备不足。如技术开发能力和关键设备制造能力较差,产业体系薄弱,与发达省份有较大差距。

自主创新的能力仍然不足。目前,安徽省的企业大多是中小企业,受资金、技术、人才的制约,企业的核心竞争力不强,自主创新能力仍然不足,与先进省份相比还有较大差距。同时,产业集群链尚未形成,产业和企业之间尚未形成相互关联的产业链条,企业"集而不聚",以致产业群体的整体竞争力仍然不高,难以实现经济外部性和经济发展的规模效应。提高自主创新能力,是增强经济实力的关键。许多绿色低碳环境友好型设备都要依赖外部进口。由于安徽省工业中传统产业、低技术含量和低附加值产业占主导地位,高技术产业发展相对滞后,装备制造业发展缓慢,特别是一些关键技术设备受制于人。安徽省环保型的高科技绿色产业发展相对落后,是制约绿色发展的一个重要因素。

5.绿色企业的发展面临多重困境

首先,成本较高,市场化发展受阻。很多企业缺乏危机感和紧迫感,在利润最大化目标下,以社会利益为代价。由于市场投机性强,短期行为严重,而国内绿色产业缺乏资金、人才、信息等因素且投入较多,很多企业都不愿引入先进的绿色技术。大批技术含量低、劳动密集型的高污染企业面临更高的生产成本,生产规模难以达到绿色经济的要求。其次,企业决策者对绿色创新的重要性认识不足,制约了绿色技术的发展。企业组织结构不合理,缺乏创新,绿色项目开发和服务中心普遍尚未建立,绿色技术信息网络和机制不健全。最后,在绿色营销方面,由于市场尚处于起步阶段,需求不明显,企业缺乏良好的营销渠道,导致创新方向难以预测。

第二节　安徽绿色发展存在问题的内在深层原因

一、政府职能未能充分发挥

当前,安徽省政府职能转变还不能适应安徽省绿色发展的要求。职能转变进程与生态社会建设速度不协调,表现在处理好发展与生态之间的关系上。绿色发展理念虽然受到一定程度的重视,但总体看来绿色发展理念对经济、社会的协调作用还不明显。虽然中央在考核地方发展中不再以国内生产总值为唯一目标,但是长期的粗放式发展和对自然环境的破坏问题没有得到根本的治理。简单地说,虽然我们已经停止了对自然环境的破坏,但是还没有开启对自然环境的治理,或者说治理措施还不到位。而导致这种现象的背后原因就是政府职能还未能得到充分的转变,长期以经济指标为工作指导的惯性思维还没有及时革新。关于绿色发展,我国制定了一系列法律法规和政策,但是这些政策措施在具体执行中发生了扭曲,未能对当前现状的改变产生积极作用。执法不到位,监督体制不健全,事后监督比例大于事前监督和事中监督,舆论监督的作用大于政府监督等在一定程度上体现了政府职能的薄弱。

二、法律法规尚需健全及落实

绿色发展方式需要借助制度载体方可转变为现实生产力。我国环境立法虽然较之以前有了大大改善,但绿色发展理念的指导地位还需进一步加强。尤其是环境立法与司法环节存在严重的脱节现象。市场主体的违法成本低,对于破坏生态环境的现象缺乏必要的预防体系。环境法律条文缺乏必要的操作性,空洞、宽泛、不确定的内容较多。法律法规方面的不完善已经成为影响我国当前绿色发展方式,缺乏实效性的主要影响因素。绿色发展首先需要环境保护法律的支持,法律法规应当将这一理念落实为切实可行的条文和具体的措施。同时还应当制定完备的、科学的监督体制。法律监督应当成为推动全社会绿色发展的重要屏障。但是当前法律监督效力明显不足,主要表现在两个方面:一是对监督对象的监督工作不细致,一些市场主体在生产经营过程中存在违法现象,但是这些并没有在法律监督框架下被及时地发现、解决。二是法律监督执行不到位,法律制度再完善,没有具体的执行过程也无法起到实效。

三、绿色市场还未真正形成

绿色市场运行不畅是绿色发展理念推行的最大阻力。安徽省还没有形成完全意义上的绿色市场,尤其在消费品市场中,一些没有获得专门机构认证、无绿色产品专用商标的产品大肆流通,甚至一些假冒伪劣的绿色产品在市场中也频频现身。在省内一些城市,烧烤摊到处都是,市场监管机制对这些现象没有进行及时的治理与处理。这不但侵害了消费者权益,污染了环境,更为重要的是阻碍了绿色市场的整体发展,对绿色市场秩序形成冲击。绿色发展目前在安徽省还没有形成普遍共识,消费者在购买产品的过程中对绿色产品也不具有强烈的偏好,更是看中价格低廉,这不但没有形成促进经营者开发绿色产品市场的积极性,还给一些不法商家做虚假宣传、假冒伪劣产品提供了便利。因此绿色市场机制不畅已成为影响当前安徽省绿色发展的一个重要障碍性因素。导致这种现象出现的原因主要包括两个方面,一个是政府监管不力,对绿色产品的认证体制不完善,认证技术的专业性不足。二是市场主体自身素质不高,没有对绿色发展的真正价值和意义形成科学全面的认知理解。

第三节　坚持绿色兴皖善待自然，打造宜居宜业的美丽安徽

建设生态文明,是关系人民福祉、关乎民族未来的大计。习近平指出:"我们既要绿水青山,也要金山银山。宁要绿水青山,不要金山银山,而且绿水青山就是金山银山。""绿色兴皖"发展战略,就是按照绿色发展理念,树立大局观、长远观、整体观,坚持保护优先,坚持节约资源、保护环境的基本国策,把生态文明建设融入安徽经济建设、政治建设、文化建设、环境建设各个方面和全过程,建设"美丽安徽",打造新时代安徽生态文明的伟大实践。

一、"绿色兴皖"是国家生态文明建设战略布局的鸿篇巨构

(一)顺势而为,响应时代号召的必然选择

作为中国史前文明的重要发祥地,以其所拥有的淮河、新安、庐州、皖江四大文化圈为傲的安徽,绿水青山、人杰地灵,是我国政治、经济、文化、社会建设的重要组成部分。按照我国"美丽中国""美丽城市"建设的总体布局,近年来,安徽的生态文明建设发展战略愈发明确,"绿色兴皖"的各项措施愈发

第三章　大江南北美如画：绿色是安徽永续发展的必要条件

具体,从实施《生态强省建设实施纲要》到出台《安徽省主体功能区规划》,从打响呼吸"保卫战"到江河湖泊治理,从美好乡村建设到新安江畔生态补偿机制试点,绿色发展成为江淮大地上的生动实践。

在推动美丽安徽生态文明建设的同时,安徽省准确把握我国目前城市化发展这一中期阶段所奉行的城市设计理念,清醒地认识到此阶段我国的城市建设更多需要考虑的是:借助经济发展来提升就业岗位量和就业率;推动城市健康转型和城市建设稳步、顺利发展,实现人口向城市的集聚;确立"绿色兴皖"发展目标,重视人与自然的和谐相处,变"一味索要"为"商量合作";以所倡导的"慢生活""快发展"来解决目前在城镇化发展过程中存在的诸多问题,尤其是各类城市病和社会退化痼疾。

无论是安徽目前以"可透水地面比例、绿色建筑比例、绿容率、绿地率"等城市绿色生态建设标准,以保障安徽省当前所实施的绿色生活倡导、城市智慧管理、绿色建筑推广、绿色村镇建设、绿色城乡建设、做规范引导6项重点行动精准到位作为抓手,还是其调动区域条件、资源及发挥自身综合优势,从2003年开始伴随"江淮环保世纪行"活动之风,来全面推动自身的品牌建设、生态强省发展策略,事实上均属于顺应时代潮流、秉承和遵从国家当前政策要求和指导方向,顺应社会和国家当前发展主旋律,在绿色发展、生态发展的大趋势下,坚定不移的立足自身实际情况进行自我完善。

(二)因势利导,吸纳总结借鉴的智慧之举

近年来,很多城市在建设美丽城市方面已经取得了不少成绩及经验,比如被誉为国家园林县城、全国文明县城、中国最美县城、国际花园城市的杭州桐庐,政府始终以打造景区为理念来经营城镇建设,秉承全域景区化、县域大景区的理念,建设城乡和规划全县。再比如贵州贵安新区,自成立以来,始终坚持"田园汇集财气、文化聚集文气、让山水凝聚人气",并坚持连续三

新发展理念在安徽的生动实践研究

年建设"一山一特""一山一景""一山一品",力求将新区建设成四季有花、四季常绿、林在城中、城在林中的森林城市,并启动水安全、水环境、水生态、水资源的"四大系统工程",使"万水千山·田园贵安"成为其崭新而独具魅力的城市名片。

在绿色发展、生态发展的大趋势下,各个城市政府及民间学界在"美丽城市"实践的过程中,均围绕"美丽城市"这个新课题来展开,以其"发现城市之美——中国特色美丽城市最佳案例展评"等活动,分别从不同的层次和角度,从理论和实践两个方面,对"美丽城市"建设的可行性进行探讨。

就安徽的具体情况来说,虽然目前"美丽安徽"建设过程中所坚持的"绿色兴皖"与其他城市相比,还没有从宣传口号上和形象针对性的塑造上形成独具的特色,但无论是出于发展旅游经济的需要,还是从与国内其他省份的形象竞争以及塑造省域名牌相比而言,安徽近年来坚持以探索"美丽城市"实践路径为基调而开展的在向国内外美丽城市建设先进经验学习的基础上,以其"美美与共、各美其美"特色理念而开展的一系列"美丽安徽"建设实践,充分彰显出"美丽安徽""绿色兴皖"的时代性和代表性。长期以来安徽"穷、贫、乱"的负面形象印象正在逐渐从国人的意识中淡出,一个"特色、环保、文化"的新安徽形象正在逐步树立。安徽的这种从其他省中汲取思路和经验,继而充分发挥自身优势,走符合自身的高端化、品牌化发展之路,不失为安徽面对国内外市场融合,区域和国内外各类直接、间接竞争而作出的谋求生存和可持续发展的正确选择。

第三章 大江南北美如画:绿色是安徽永续发展的必要条件

图 3-1 黟县东北部风景

宏村位于徽州六县之一的黟县东北部,村落面积 19.11 公顷,整个村依山傍水而建,村后以青山为屏障,地势高爽,可挡北面来风,既无山洪暴发冲击之危机,又有仰视山色泉声之乐。

二、"绿色兴皖"的环境、氛围优势

(一)"绿色兴皖"的环境优势

1.区域地貌优势自然天成,资源组合现状相对良好

就地域特征而言,安徽省地跨淮河、长江南北,与山东、江西、河南、湖北、浙江、江苏接壤,地貌特征极为复杂,涵盖皖南山区、江淮丘陵、淮北平原几个部分,作为中国史前文明的重要发祥地,囊括皖江、庐州、新安、淮河四大文化圈。作为国家技术创新工程试点省,安徽目前与浙江、上海、江苏共同构建起的长江三角洲城市群,被鉴定为国际六大世界级城市群之一。作为 2014 年中国首个新型城镇化试点省份,安徽所具有的徽商精神、文化产业资源优势、长江皖江段及大面积湿地群等资源优势,是其"绿色兴皖"的基础。2016 年 3 月 25 日,中共中央政治局审议通过的《长江经济带发展规划纲要》,则更加助推了"绿色兴皖"的蓬勃发展。按照纲要中"长江经济带发展成机制

101

新发展理念在安徽的生动实践研究

更科学、市场更统一、经济更协调、交通更顺畅、环境更优美的黄金经济带"这一总体规划,是长江干流重要组成部分,流域面积为 66000 平方千米,岸线总长度为 740 千米,占安徽省总面积的 47%,其两岸泊湖、巢湖等大小湖泊共 25 个的皖江段,具有维系长江皖江段生态安全的作用,赋予了安徽依托皖江段构建绿色城市生态长廊独一无二的先天环境优势。仅以称之为"地球之肾"的湿地资源为例,安徽省目前已有 5 个国家级重要湿地和 15 个省级以上湿地保护区,29 个省级以上湿地公园,其丰富的湿地资源的作用和价值不言而喻。在依托皖江段、诸多湿地资源和结合绿色发展、生态优先理念进行多措并举构建绿色安徽的过程中,其可以借鉴的资源和区域优势以及地形地貌优势均是其他省份不可多得的,这也是安徽省可以以此为基础,构建"绿色兴皖"建设战略之前需要从宏观层面进行区域划分的主因。

此外,安徽奇特的地貌和风格迥异的民风民俗,珍贵而独特的土特产,形态各异的自然风光,由古至今传下来的徽商文化和徽派建筑,现代与传统交相呼应的科技技术和三业生态发展方式,以及其具有典型性特征的产业绿色发展现状等,均组合成为安徽特有的资源组合优势。

2.林业资源得天独厚,旅游型农业产业发展基础稳固

安徽作为林业比重较大的省份,其森林植被具有从北到南明显过渡的特征,因此也属于全国南方集体林业重点省份之一。淮北区域以暖温带落叶阔叶林为主,杨树、槐树、桐树多,松、杉、竹集中在淮北以南区域,使安徽不仅具有特色的林木资源优势,同时还具有区域的旅游资源优势,因此可发展特色旅游产业链。配合长江 416 千米皖江段和大范围的湿地资源优势,可以联合周围区域构建旅游产业集群。安徽省野生动植物种类繁多,资源丰富,国家一级保护植物和二级保护植物,分别为 6 种和 25 种。其特有的 44 目121 科 742 种脊椎动物,在我国总数中占到 14.1%,位于安徽中路长江流域

独有的野生动物白鳍豚和扬子鳄更可为其旅游产业发展添光增彩。

安徽林副产品极为丰富，有千年种植历史、享誉国外的歙县枇杷；每年产能 7000 吨的"中国名特优经济林之乡"宁国山核桃；无公害标准化生产年产 34 万多吨的砀山酥梨；还有集中几百年历史和文化的柳编工艺生产地，全国四大杞柳产区之一，出口 20 多个国家和地区的阜南；"中国十大竹子之乡"出口遍布东南亚、日、韩、美、欧的广德；年产 3000 多吨红茶的红茶之乡祁门；板栗林面积 300 多平方千米的板栗之乡金寨等，无论依托手工艺编织、物产、林木还是依托农业种植、加工、包装一体化产业链，都可辅助安徽快速完成产业优化和调整，使其产业向无公害、生态环保、节约型方向发展。

（二）"绿色兴皖"的氛围优势

文化和意识的明确界定是推动"绿色兴皖"良好运作的重要动力。以全省民众的实际环保意识作为环保普法和宣传活动设计和打造的基础，是"美丽安徽"城乡建设工作的一大亮点。

1.以法为则规范环保周

2010 年地方环保立法《安徽省环境保护条例》的出台，是对 1973 年以来，安徽每年都围绕联合国环境规划署所确定的主题，由上而下的设计和组织各类大型宣讲活动，将一年中环境宣讲活动归类并展示在官网中，以便吸引和引导全省人民参与，将安徽省内的环保宣传活动推向高潮以及宣传形式在法律层面的规范。从此，安徽省的环保工作步入了以法为则的时代。条例中明确规定每一年的 5 月 30 日到 6 月 5 日被确定为安徽环保宣传周。在周宣传期内，安徽集中展开各层级的环保宣传教育活动，为安徽省地方环保宣传品牌、全省民众环保意识的培养、绿色安徽生态家园文化阵地的打造等营造极具声势的氛围。

2.政府引导,社会参与

鉴于"美丽安徽"是一项涉及面极其广泛,需要多管齐下,统一全面进行的绿色生态建设,在运作过程中,为保障"绿色兴皖"运作有效地进行,各级政府在"美丽安徽共识"的基础上精心打造、坚持规则与问题导向同步、规律导向与问题导向齐步的政府工作格局,以此形成"美丽安徽"运作的"安徽式标准",为"美丽安徽"的建设提供了坚实的政策和方向性保障。

同时,发动群众决策层和领导层先行的做法还保障了安徽"绿色兴皖"宣传教育活动方向和具体执行方式的正确性。每年的 5 月底,安徽省省人大、省政府、省政协、省环保厅的各层级领导均参与环保宣传周暨纪念"六五世界环境日"动员大会,省直机关直接负责此项工作的相关同志,中央和省内新闻媒体记者,安徽省环保系统的全员干部、职工参与动员大会,安徽省内多家权威媒体全程报道、集中宣传,直接将每年安徽环保政策、计划的变化以及意义和价值等同期向全社会播报,为安徽"绿色兴皖"宣传教育活动的活力、亲和力、权威性、正确开展等提供了基本方向,并产生了极为广泛的社会影响。

3.打造宣讲品牌,丰富活动活力

安徽在落实"美丽安徽"项目运作中,始终坚持重视公众的参与需求及必要性,始终将公众视为"绿色兴皖"项目中的重要参与者,其以典型示范为引导,用宣教先行的方针政策,始终将环保的作用与意义以及与本省"美丽安徽"计划融合推动的必要性等作为宣传主导的重要内容。环保宣讲活动的推展借力"六五世界环境日"的品牌力量,以"安徽环保宣传周"为平台,开展环保宣传教育和培训活动,精准地推向各行业及不同兴趣爱好者,以此来激发公众的参与度,努力提升全省人民的环保意识,为"绿色兴皖"营造社会氛围。具体做法主要有三个方面:

第三章　大江南北美如画：绿色是安徽永续发展的必要条件

首先，全方位集中推送宣传。一是利用影视影响力，推动"绿色兴皖"项目，营造浓厚的影视文化氛围。例如在城乡大范围播放环保影视作品，把扩大环保宣传面作为提升全民关注度的主要领域。在省、市、县电视台播放以《河长》为代表的各类反映生态文明建设的专题片，并运用学校、社区、企业组织观看的方式，强化传播效果。二是由安徽省环境保护厅、共青团安徽省委牵头，协同浙江省环保厅、共青团浙江省委举办"同饮一江水，共护母亲河"环保志愿者先进事迹宣传活动。活动以青少年群体为教育对象，通过网络等各类新媒体，多渠道多对象地提升青少年对环境保护的关注与重视，培养良好的环保意识。

其次，有针对性地做好主题宣传活动。经由省政府、环保部门、省摄影家协会组织摄影展赛，举办以"节能减排，绿色发展"为主题，面向全国的摄影大赛。其间，不仅省内摄影爱好者踊跃参与，从作品中多层面地映射出安徽省环保现状与取得的成就，还先后收到来自浙江、上海、广东等12个省市的3262张照片。获奖作品在省博物馆展出期间，省政府和省人大领导及社会人士的广泛参观及新闻媒体的高密度报道，进一步强化了"绿色兴皖"主题推广的广度及知名度，成为安徽省环保事业宣传的盛举。

最后，加强法制宣传，指定安徽省环保联合会、省环保宣教中心负责模拟法庭环保系列活动的组织和运作。活动以真实环保事件为案例，辅以多家媒体的集中报道，邀请大学生志愿者、社区群众、企业员工现场参与和现场直播法庭辩论、庭审。活动的开展，达到了主要以高校学生、教师群体和律师行业为重点宣传和教育对象的目的，通过口口相传，使得模拟法庭环保系列活动，成为扩大宣传影响力的一大助力。

通过精心组织和周密安排，安徽开展的各类宣讲活动，已将安徽环保宣传周打造成了地方特色，为"绿色兴皖"奠定了良好的精神和文化基础。

三、新形势下"美丽安徽""绿色兴皖"的方向性目标

（一）"绿色兴皖"总体发展目标的界定

以中国特色社会主义理论及习近平视察安徽时的重要讲话精神为指导,严格把控创新、协调、绿色、开放、共享的新发展理念,坚持落实党中央、国务院决策及保护环境和节约资源的基本国策,将生态文明建设作为安徽"美丽城市"建设的基本定位。按照融入经济建设、政治建设、文化建设、社会建设等各个方面及全过程要求,以绿色低碳循环、可持续发展为主要方向,以改革为动力,以培养生态文化作为重点,以建立和健全生态文明体系建设作为支撑,以六大工程建设,如生态文明风尚塑造、污染综合治理、生态保护建设、绿色低碳循环发展、绿色产业培育、绿色美好家园建设和巢湖、新安江、淮河、皖江、流域的示范性建设,作为工作方向,加大环境和原生态系统的保护力度,在秉承"金山银山和绿水青山"有机统一发展的前提下,构建符合长江中段流域资源特质和地域特征的绿色长廊,全面推进资源的合理利用及优化国土空间开发格局,协同推进新型农业绿色化和现代化、城镇化、信息化、工业化。这不仅是安徽着力打造"绿色兴皖"名牌省的基本工作要求,也是建设符合人类生存和发展的宜居宜业型绿色江淮美好家园的愿景和目标。

（二）"绿色兴皖"主体发展目标的界定

2016 年,安徽省政府下达的《关于扎实推进绿色发展着力打造生态文明建设安徽样板实施方案》中明确提出,到 2020 年,力求安徽全面建成小康社会目标和生态文明建设水平相适应,在环境友好型社会建设和资源节约型社会建设方面取得突破进展。按照我国国土开发格局要求,重新界定安徽主体功能定位,稳步提升环境质量、生态系统稳定性、能源资源利用率和经济发展效益、质量,在全社会推行和宣传生态文明主流价值观,在打造"三河一

湖"示范样板式生态文明建设安徽模式的过程中,使得安徽生态空间自然秀美,生活空间舒适宜居,生产空间集约高效。

四、"绿色兴皖"持续建设要求下"美丽安徽"的原则优化

(一)拒绝盲目建设,重视人的作用及价值转化

中国各类"美丽城市"建设的客观条件就是现代化产业机构。坚持产业升级的方向,彻底扭转资源浪费型和粗放式的发展取向,逐步淘汰各类劳动密集型低端产业,才是改变老城市建设"美丽城市"之本。"美丽城市"并非是花架子,其建立在城市人口吃、穿、玩、乐、学等各项基本生活和生存、学习要求都能得到满足的基础上,才能具备引导城市内外人口追求文化休闲、环境优雅、生活舒适等更高层面的享受。如果城市仅仅是外形漂亮而产业多为高能耗、高污染,劳动密集,人人都成了工作的机器,那么"美丽城市"只能形同虚设,甚至整个社会生活也成了毫无活力的死水。但是只追求景观生态、产业生态、文化生态的平衡绿色发展,又忽视其所覆盖人的需求是否与预期的"美丽城市""绿色兴皖"设计同步,这也不是"美丽城市"设立和构建所可取的。

安徽作为位于长江沿线的省份,具有得天独厚的区域条件。坚持推动产业转型,发展低污染和低能耗的现代服务产业和高新科技产业,严格把关环评,凡是环评不合格的坚决不予上项目。大力推动农民工市民化和外来务工人员本地化,以此作为当地绿色发展的社会保障和人力基础。将外来资源转变为自己的优势,如通过针对性的教育培训为自身建设形成高素质和稳定的产业工人队伍,进而推动现有劳动密集型产业的合理转型升级。有了以上条件作为支撑,才有可能继续谈按照绿色生态的要求,如何打造宜居舒适、绿色环保的"新安徽"。

（二）拒绝"换汤不换药"，努力唤醒群众参与建设热望

改革开放以来，中国完成了人类历史上发展最快、规模最大的城镇化发展进程。包括安徽在内的各省及市、县、乡、村等在自我转型和升级中逐步取得了骄人的成就，这样的伟绩当然值得肯定。中央所提出的绿色生态发展、新城镇化、美丽乡村建设等要求和政策，主要是以克服传统城镇化发展过程中的诸多不足和弊端为基本目标的。其目的在于促进农民工市民化、推动城乡一体化、建立资源环境友好型（以国际化市场要求为基础）的城市。其核心是如何让人在城市中获得更好的感受，更幸福的感觉，以及更好的生活。

围绕宜业宜居目标，我国中央政府所提出的政绩考核机制变革和土地财政体制变革等都是相应的扶助举措。然而在城镇化发展过程中，连续十几年出现了城市房价上涨过快、某类产业投资过热等社会现象，由此引发的社会问题使很多人认为城镇化等于大投资、大建设和大聚居。即便是"美丽乡村""美丽城市"项目在各个地方如火如荼地进行，也有人认为此项目和相关计划仅仅是换汤不换药，会继续提高房价和物价，这也是很多民众对政府宣传很容易产生逆反心理的主因之一。房价的非正常上涨，主要源自货币发行机制，而并非城镇化发展或"美丽乡村""美丽城市"建设直接导致，但不可否认的是，在城镇化建设过程中，需进一步强化政府政策的执行力。

安徽省在以"绿色兴皖"为主题加大生态强省建设力度的过程中，要充分体会中央精神，结合自身实际情况进行相关政策和措施以及宣传计划及内容活动等的制定，尤其重视在宣传活动和政府相关实践活动执行过程中，努力解开民众所存在的"心结"，打掉部分人的有色眼镜，将重点落实在促进城市空间格局的优化，完善公共服务，促进实体经济的转型和升级等各个方面，而不是盲目地以绿色生态为噱头，大兴土木搞房地产开发等。如此才可

能真正引发民众参与的热情,激起其与政府联合共建美好家园的期待和热情,如此才能真正唤醒群众的智慧,并尽可能避开在以往的城镇化建设过程中,安徽省及其他各省经常出现的各类社会问题,稳步走出一条更好、更新的符合自身特征和需要的城镇化生态发展之路。

(三)拒绝千城一面,坚持个性品牌塑造

千篇一律和千城一面是城镇化发展建设的大忌,同样也应该值得安徽建设"美丽城市"加以提防和警惕。当前,我国正自上而下逐层、逐步侧重研究"美丽城市"发展规律,有可能因为借鉴和缺乏经验而盲目发展,或只能"摸着石头过河",或照搬和照抄其他省市"美丽城市"建设的模式。安徽省目前所提出的"美丽安徽""绿色兴皖"口号完全可以换个省市的名称,就成为其他省市宣传的主要口号之一。

当然,问题的关键点并不在宣传本身,而在于宣传对象、宣传内容以及宣传方式的有效性。现阶段安徽省主要依托世界环境日开展安徽环境宣传周活动,但是在日常建设和发展过程中,除安徽环境宣传周的影响之外,其是否能按照自身宣传推广的实际需要及城市建设高速发展所依托的资源优势,结合本地的经济、人文、气候、地理等特征,重新规划和设计具有独创性的符合安徽省绿色发展的战略方式则更为重要。这并不意味着安徽省原本实施的"美丽安徽""绿色兴皖"战略并不切合实际。但是城市在快速发展的过程中很容易出现为尽快满足人口居住和城市扩张需求,粗略地规划设计或边规划边执行边反思,所谓"萝卜快了不洗泥",安徽在稳步推进"美丽安徽""绿色兴皖"建设的过程中也必须注意避开此问题。

但是在关注自身建设、发展取向和城市特色的过程中,由于区域内不同的省市发展所依托的资源和机会类似,依然容易出现几城一面或双胞胎城市的情况。比如西部城市的发展实现了后发优势,而沿海城市的发展似乎有些墨守成规。安徽省如何打破成规？在"美丽安徽""绿色兴皖"的口号和定位下，使其同步者、参与者、旁观者能明确其发展思路和执行措施才是重点所在。然而当前国内外的各类报告中，多表现出安徽在"美丽安徽""绿色兴皖"计划推动过程中所做出的各类成绩及取得的突破性进展。但是其始终坚持的脉络和战略走向方面，是否能如桐庐"一山一特""一山一景""一山一品"的特色模式，单独可作为独立的案例及城市标识名片式发展，还是值得深思的。

曾经有规划专家为西部3个城市成都、西安、重庆按照"天地人"模式做出过简单分析。如成都得人和，西安得地利，重庆得天时。重庆以其政治优势被比喻为天时，而西安四通八达的交通条件被誉为地利，安逸休闲的成都社会环境被誉为人和。这也从不同层面指出了不同城市在发展过程中所具有的优势和劣势。比如重庆生活环境欠佳和交通条件差，那么在其进行"美丽城市"建设过程中，就需要弥补短板、强化长板。

同样的道理对安徽依然如此。安徽所具有的悠久文明，其文化、文物等都可以成为"美丽城市"的基本依据。这并不意味着"绿色兴皖"计划与其充分发挥自身现有文化资源优势相冲突，反而有非物质文化遗产来促进和带动其他产业经济的绿色、节约、环保发展，不失为一条颇佳的举措。这也是安徽在"绿色兴皖"的执行过程中始终需要重视和突出其个性特征的主要原因所在。

坚持个性品牌塑造始终是当前我国各个城市在建设"美丽城市"过程中所力求达到的目标。但是就安徽省自身发展而言，只有真正让参与者、协同者明确意识到其具有独特性的发展取向和发展战略，才有可能吸引区域，甚至全国乃至国外的资源投入，进而获得更为良好的发展机会。

到 2020 年生态文明建设的基本原则

2015 年 5 月,《中共中央国务院关于加快推进生态文明建设的意见》发布,确定了到 2020 年生态文明建设的基本原则。

◆坚持把节约优先、保护优先、自然恢复为主作为基本方针。

◆坚持把绿色发展、循环发展、低碳发展作为基本途径。

◆坚持把深化改革和创新驱动作为基本动力。

◆坚持把培育生态文化作为重要支撑。

◆坚持把重点突破和整体推进作为工作方式。

五、"绿色兴皖"建设的优化措施

(一)坚持个性特色区域布局,打造属于"美丽安徽"个性品牌

安徽省在以"绿色兴皖"为主题,加大生态省建设的过程中,要充分领会中央关于生态文明建设精神,结合安徽的实际情况,进行相关政策实践活动。将重点落在促进城市空间格局的优化、完善公共服务、促进实体经济转型以及产业结构升级上来,并注意汲取其他省市的经验教训,走出一条符合安徽实际的、具有安徽特色的、彰显安徽文化的生态文明建设之路,打造出安徽自己的"美丽安徽"。在具体操作中,针对近年来"绿色兴皖"在建设的过程中,大部分区域仍处在探索和尝试转型的阶段,应坚持"绿色兴皖"是符合社会和国家当前发展主旋律、时代发展潮流的理论导向,从宏观层面进行产业架构优化、调整,构建绿色长廊,使"绿色兴皖"不仅限于绿色村乡、农业建设,还包括城市布局、文化资源利用、农、林、副、牧、渔之间具有生态特征的循环发展等,从而真正使"绿色兴皖"的理念融入各个绿色生态规划中。

新发展理念在安徽的生动实践研究

在进行绿色规划、绿色建筑、绿色乡村建设和城市建设、绿色产业宣传倡导及城市智慧管理等工作中，安徽要结合地理特征，按照海绵城市建设、中水回用和地下综合管廊建设要求，构建"美丽安徽"建设格局，而不是盲目地以绿色生态为噱头，搞土木开发、形象工程、房地产开发等。要本着科学发展，立足人文主义发展理念，坚持以人为本，联合专家、各界精英以及群众代表，通过专题调研、座谈会、论证会、听证会等方式，探讨符合安徽绿色建设改善意见和应用渠道，并从中提炼出能够成为具有样板性的、可复制的、可作为全面推广的制度、作法和经验。

坚持"富设计、富规划、穷建设"，围绕宜业宜居目标，考虑到其涵盖皖南山区、江淮丘陵、淮北平原几个地区，地貌特征极为复杂的特质。如淮北平原地势自东而西拱曲上升向南北倾斜的走向，皖南丘陵山区河网密布、平原地势低平、湖泊众多等地貌特质，以及皖南丘陵山由山地核心向谷地渐次下降，由平原、台地、丘陵、低山、中山分别组成的层状地貌格局。这同样也是安徽真正践行绿色发展目标，由内而外、由点到线到面并反延伸到区域进行的绿色包装和形象塑造的过程。在区域特色规划方面可以借鉴浙江的美丽乡村建设经验和思路。如浙江在美丽乡村建设过程中，以雁荡山为中心建设浙南山地古村，以杭嘉湖平原为中心建设浙北水乡古镇，以衢州、淳安、建德为中心规划浙西丘陵山乡小村，以舟山等沿海区域城市为中心规划东南海滨渔村等各类区域特色划分方式。

近些年，安徽省在"绿色兴皖"建设中围绕创建和管理，的确投入了大量的财力、物力、人力，以经济社会发展和个人利益需求相适性的客观规律为基本准则，在尝试进行现有市、县、镇等各级现有资源深入挖掘中，充分考虑绿色产业建设资源节约和保护的生态性与人工刻意性之间的关系。作为医治"城市病"的方案，绿色发展的确是"万能胶"，但是并非等同于头痛医头脚痛医脚,也并不意味着居一隅而不顾资源转化应用的可能性。目前很多自然资源是不具有可再生能力的,对于不具有再生能力,又不具有可替代性的资源,不可能做到完全彻底的节约利用,而只能是相对节约。此种观点在绿色发展宣传、推广内容设计、表现方式展示、策略运作及战略执行之前,必须预先考虑,以防止"绿色兴皖"成为流于表面,实际上还是传统的城镇化发展套路。

片面强调保护和过度开发会制约城镇化发展,而对于寻求新的设计和开发方式并不是一朝一夕就能完成。按照乡村地理学要求,安徽省在进行"美丽城市"设计和统筹安排中,必须深入考虑城乡产业布局、人口和资源布局、公共设施完善、区域资源整合等多项领域,深入考察和挖掘安徽现有的传统文化、自然资源、林业风光和生态物种资源、乡土建设、产业经济等方面存在的优势。

可持续发展并非是万能的,如果当前技术和理念尚未达到节约某种资源的目标,使用后补的方式或者节约的方式并非解决问题的唯一之道。建议在尚未找到可替代资源,现有技术、能力、思维等不足的前提下,将问题向全省乃至全国推放,比如借助安徽当前所设定的环境保护日所筹划的各类活动,作为全社会宣传和推广问题的基础,进而寻求民众的支持和帮助。一方面借真实、生动、有效的客观事实提升群众的体验感,另一方面有可能解决目前政府或相关部门在运作过程中所存在的各类问题,比如资金问题、人力资源问题、技术问题等。民间力量集聚起来有时有可能超过专业人员的力量。

坚持"经济、适用、美观、绿色"方针,协调和控制历史建筑和新建建筑在风貌特色、空间尺度、环境生态保护和资源生态利用等方面的尺度,彰显时代风貌、地域特征和环保科技应用要求,努力创建更多徽派风韵的建筑精品。留住安徽省特有的建筑风格、文化特色、城市环境等优秀基因,打造城市便捷生活圈,提高宜居宜业水平。加强基础设施建设,创优城市管理服务,严格依法治市,提高城市治理能力,建立人与自然、人与人和谐相处的美好家园。

此外,如何解决资源开发后劲不足和经济效益及社会效益得不到有效提升,进而导致安徽绿色宜居的战略无法持久执行? 如何在考虑坚持生态绿色发展的过程中,使用分类指导层层渐进的策略,而又如何保障策略能完全落到实处? 等等,均应成为"绿色兴皖"之前、之中及之后需要深入思索的问题。

(二)因地制宜多措并举,缓解环境保护压力

《关于扎实推进绿色发展着力打造生态文明建设安徽样板实施方案》中明确提出了安徽在 2016 年的生态文明建设发展目标,如必须重视改善生态环境质量,减少污染天气,林木绿化率达到 35%以上,森林覆盖率为 30%以上,湿地保有量为 10533 平方千米,以保障生态系统的稳定性和提升土地环境质量。这实际也是安徽立足现有资源优势,实现构建完整生态环境体系,建立健全生态文明、生态补偿、全面节约、资源总量管理承诺的一种体现。要减轻"美丽安徽"环境保护的压力,需要以《实施方案》为准则,结合安徽实际,因地制宜多措并举,从而保证"绿色兴皖"的主要目标的完成。

1.缓解资源压力危机

重新确立人口和经济布局,有效控制全省城市空间规模,调整空间开发强度,形成生态安全、农业发展和城镇化良性关系的战略格局,有效控制和利用建设用地、水资源和能源,降低资源消耗和碳排放总量。比如安徽省目前年用水总量应低于 270.84 亿立方米,相比较 2015 年万元国内生产总值用水量需要下降 28%,以保障农业水利灌溉有效利用率达到 0.535。因地制宜

第三章 大江南北美如画:绿色是安徽永续发展的必要条件

重新构建生态系统,的确是可以充分发挥示范和应用效应的一种策略。但是在战略布局重新规划和调整时,诸如小城镇的设计研究,传统建筑保护,可再生资源在绿色建筑中的应用,绿色节能生活的倡导,"三位一体"回收网络和绿色长廊的设立,数字化城管平台和绿色建筑标准的确定等,却只能是层层深入逐步进行,并以由点到线到面的方式顺序推进。

安徽按照健全自然资源安全制度的要求,已经使用标准体系和法律规章制度的方式来统计和登记现有安徽领域内的滩涂、荒地、山岭、森林、水流等所有自然生态资源,按照水资源论证制度和许可制度的模式来逐步完善现有其他资源和生态空间的论证制度和许可制度。从严守能源资源环境的生态红线角度而言,此举是做好生态补偿工作的基础切入点。在切入点延伸范畴,目前尚未有专门的法律制度对此进行界定。比如目前所推广的绿色信贷、能效信贷、排污权抵押融资模式等,只能在小领域中尝试,并不具有广泛推广的条件。

2.发挥政府在缓解压力中的积极作用

绿色生态建设作为在政府推动下开展的通过实行绿色发展,以实施可持续发展战略,破解日趋严重的生态问题,是摆脱目前能源困境的一种全新发展模式,是具有中国特色的可持续发展之路。绿色发展作为实现中国梦的一种重要的社会实践形式,是全面建成小康社会的重要支撑,其核心是实现社会经济的全面、协调和可持续发展,而这些也正是政府职责之所在、责任之所归。因此,各级政府在"绿色兴皖"社会实践中,要从政策制定上、制度保障上以及服务体系上加大重视力度,更新理念,解放思想。正如现阶段"绿色兴皖"建设的过程中,如何使用战略和制度等方式来保障建设成果,需要考虑的不仅限于"绿色兴皖"的内容和外延,还需要考虑如何强化建设过程中主体功能的定位,进行现有生态系统的修复和保护,完善各类制度来保障执行成效的稳固性。

安徽省委、省政府提出的"1+5"全面建设目标和重点任务,明确了加强组织领导、弘扬生态文化、加强法治建设三项保障机制。这其实也可以看作是在环境高风险领域中,防范已经被破坏的环境恶性反噬的自保形式和工作发展趋向。安徽生态文明建设离不开各类重大制度的确立和完善,必须按照实际执行的情况进行优化和调整。比如生态文明制度体系的系统完整性,需要激励约束并重、多元参与,保障产权清晰,生态保护市场化。环境治理、国土空间开发保护、自然资源资产产权等各项制度必须确立并逐步完善。

3.酿造良好的"绿色"社会环境

生态文明建设不仅在于构建一个青山绿水的宜居环境,同时还在于构建良好的社会环境。城乡生活、生产的直接受益者是各阶层民众,因此在方案编制时,除广泛听取相关利益者建议和意见外,协调各方面的利益和矛盾可成为延展绿色环保工作的重要推手。

"绿色兴皖"对资源和环境的保护,其实也是绿色消费理念、健康生态内涵的合理使用。充分发挥社会组织的公益功能,调动社会各界组织参与到此项工作中来,以便使之积极为"绿色兴皖"献计献策,是进行社会合力挖掘的基本思路。

"绿色兴皖"是事关全省人民福祉的大事,需要在社会各界中寻求到配合的力量。在贯彻战略部署之前,不能忽视不同产业之间的相关性,不能出现信息孤岛,必须在合理安排的理念下,尝试构建不同产业之间、不同产业中不同企业之间、不同企业的不同部门之间、同一部门的不同责任人之间的最佳合作机制,最大化提升"绿色兴皖"的社会参与性和组织合力。

(三)统筹兼顾,化解绿色发展与经济增长的冲突

改革开放以来,安徽省经济一直保持着较快的增长速度,但这是以粗放

型传统的"三高三低"模式而获得的。如何化解安徽绿色发展与经济增长之间的冲突?应以 2016 年安徽省政府所下达的《关于扎实推进绿色发展着力打造生态文明建设安徽样板实施方案》为基准,力求安徽经济发展目标与生态文明建设水平相适应,在环境友好型社会建设和资源节约型社会建设方面取得新进展。按照"绿色兴皖"战略布局,重新界定安徽主体功能定位,稳步提升环境质量、生态系统稳定性、能源资源利用率和经济发展效益、质量,在全社会推行和宣传生态文明主流价值观。

在经济效益与绿色经济之间,秉持"宁要绿水青山"的原则,宣传和引领绿色经济所能够带来巨大社会效益的广泛认识,教育和引导企业正确理解"有了青山绿水,也就有了金山银山"的辩证关系,从而站在科学发展观的角度,对"绿色兴皖"的科学内涵加以理解和接受,增强保护环境、降低污染的自觉性和社会责任感。

要客观理智地看待安徽虽然作为一个发展大省,但是总体技术水平相对落后的现实。技术开发能力和关键设备制造能力方面的欠缺,产业体系薄弱,是制约安徽经济发展的不利因素。因此,要在推进"绿色兴皖"进程中,提升企业的核心竞争力和创新能力,积极推进安徽产业集群链的形成,通过企业产业群体的整体竞争力的提高,形成安徽经济外部性和经济发展的规模效应,以经济实力的提升,实现绿色环境友好型设备的更新换代,使经济发展与绿色经济成为带动"绿色兴皖"战略的两翼。

"绿色兴皖""美丽安徽"建设任重道远,作为绿色发展战略,需要安徽省各界产业、各层级民众、各类媒体等与政府友好联合,秉承建立幸福家园的理念,立足持续发展的要求,群策群力,迎难而上。不拘泥于原有的发展模式和传统城镇化发展的经验,通过坚持个性特色区域布局,打造属于"美丽安徽"的个性品牌;因地制宜多措并举,缓解环境保护压力;统筹兼顾,化解绿色发

新发展理念在安徽的生动实践研究

展与经济增长的冲突。将绿色发展理念融入生态保护、节约能耗、城乡布局、产业升级等方面,体现"幸福家园"宜居宜业的发展追求。基于此,"美丽安徽"愿景必将实现。

第四章
皖江畅通达四海：
开放是安徽繁荣发展的必由之路

我们将实行更加积极主动的开放战略，完善互利共赢、多元平衡、安全高效的开放型经济体系，促进沿海内陆沿边开放优势互补，形成引领国际经济合作和竞争的开放区域，培育带动区域发展的开放高地。

——2013 年 10 月 7 日，习近平在亚太经合组织工商领导人峰会上的演讲

实施开放发展行动，加快建成双向互动内外联动的内陆开放新高地。进一步强化全社会大开放意识，充分发挥沿江近海、居中靠东、承南接北的区位优势，以深化长三角一体化发展为着力方向，全方位扩大对内对外开放，努力把安徽省打造成"一带一路"的重要枢纽，打造成长江经济带的重要战略支撑，打造成长三角新发展的重要增长极。

——中国共产党安徽省第十次代表大会的报告

积极对接国家新一轮开放总体布局，加快形成东西双向互动、对内对外

新发展理念在安徽的生动实践研究

联动的全面开放新格局,推动外贸、外资、外经齐头并进,在更高水平、更高层次上参与国内外分工合作。

——安徽省国民经济和社会发展第十三个五年规划纲要

人类的历史就是在开放中发展的。任何一个民族的发展都不能只靠本民族的力量。只有处于开放交流之中,经常与外界保持经济文化的吐纳关系,才能得到发展,这是历史的规律。当前,我国正处于全球经济深度融合的开放时代,开放是一个国家和地区繁荣发展的必由之路,是内陆地区后发赶超的重要法宝。

安徽历史悠久、人杰地灵,是一片富有魅力、充满活力的神圣土地,具有沿江近海、居中靠东的区位优势,既是我国长三角和中部地区重要成员,又是"一带一路"长江经济带建设的重要节点,是扩大开放的合作之地。安徽最大的发展潜力在于开放,最广的发展空间在于开放,最佳的发展路径也在于开放。坚定不移地实施大开放战略,更高水平地引进来、走出去,加快构建开放型经济新体制,提升对外开放水平,着力打造双向互动、内外联动的内陆开放新高地,是深入贯彻习近平新时代中国特色社会主义思想特别是习近平视察安徽重要讲话精神的具体行动,

> **微评**
>
> ❖没有改革开放,就没有中国的今天;没有改革开放,也就没有中国的明天。
>
> ❖实践告诉我们,要发展壮大,必须主动顺应经济全球化潮流,坚持对外开放,充分运用人类社会创造的先进科学技术成果和有益管理经验。
>
> ❖开放一路走来就是"富裕中国",开放继续前行建设"富强中国"。

是决战决胜全面建成小康、加快建设五大发展美丽安徽的重要任务,是抢抓发展机遇、厚植发展优势的关键举措。今天的安徽,正如同黄山之巅的迎客松张开双臂,以前所未有的开放姿态拥抱世界,以更宽广的视野谋划开放发展新思路,以更务实的举措构筑开放发展新格局,奋力把安徽开放发展提升到一个新的水平。

第一节 安徽开放发展取得的成就和 面临的机遇与挑战

1978 年,党的十一届三中全会作出了改革开放的伟大历史抉择,开启了我国经济社会发展的历史新时期。四十多年来,敢为人先、富于创造精神的安徽人民牢牢把握改革开放的先机,不断强化大开放意识,深化投融资体制改革,优化开放发展环境,创造了投资规模、速度、结构和效益同步发展的良好局面,开放型经济保持良好发展态势。

一、安徽开放发展取得的成就

招商引资规模迅速扩大,经济外向度进一步提高,东向发展取得积极进展,这是安徽省坚定不移地实施大开放战略,不断提高对内对外开放水平带来的三个明显变化。①近年来,安徽积极融入国家"三大战略",加快出省出国出海的大通道大平台大通关建设, 先后与世界 220 个国家和地区进行了贸易往来,与 35 个国家的 87 个省市缔结了友好省市关系,安徽综合保税区等重大开放平台建设取得突破, 铁路国际货运班列和航空国际货运航线相继

---

① 《安徽坚定不移实施大开放战略 带来三大显著变化》,《安徽日报》,2007 年 9 月 4 日。

开通,对外交往交流交融不断深化,"五大发展"美好安徽建设谱就新篇章。尤其是在加速与"一带一路"沿线国家的合作、交流上,随着从安徽合肥出发直达德国汉堡的"合新欧"国际货运班列开通,安徽作为"一带一路"重要腹地和枢纽的战略地位,其时已至,其势已成。

"十二五"期间安徽进出口总额累计 2144 亿美元,年均增长 15%;实际利用外商直接投资累计 519 亿美元,年均增长 22.11%。总体上看,安徽全方位对内对外开放的新格局进一步形成,已进入全面深化开放、加快转型升级,加快构筑开放发展新优势的发展新阶段。

表 4-1 安徽省"十二五"规划经济发展指标完成情况①

经济发展指标	"十二五"规划目标	2015 年	"十二五"规划年均增长	"十二五"年均增长
地区生产总值(当年价,亿元)	力争 24000	22005.6	>10%	10.8%
财政收入(亿元)	4130	4012.1	15%	14.2%
固定资产投资(亿元)	23700	23965.6	15%	20.3%
社会消费品零售总额(亿元)	9500	8908	18%	15.7%
战略性新兴产业增加值(亿元)	2400	2650		
服务业增加值(亿元)	9120	8206.6	12%	10.6%
城镇化率(%)	>50	50.5		
进出口总额(亿美元)	390	488.1	10%	15%
非公经济占经济总量比重(%)	>65	59		

(一)开放型经济水平明显提高

对外贸易水平,是衡量开放型经济发展的重要标志。"十二五"期间,安徽累计吸收外商直接投资 519 亿美元, 累计利用省外资金 33172.4 亿元、年均增长 17.2%,在全国 12 个实际利用外资超百亿的省份中居第 9 位。进出口

---

① 《安徽省国民经济和社会发展第十三个五年规划纲要》,安徽省人民政府网,网址:http://www.ah.gov.cn/。

规模由 2010 年的 242.8 亿美元上升到 2015 年的 488.1 亿美元，实现翻番。2017 年,面对复杂严峻的宏观环境,全省上下积极作为,进出口呈现出良好发展态势,前 2 个月实现进出口额 65.5 亿美元,同比增长 10.9%。其中,出口 38.6 亿美元,同比增长 2.9%。出口商品结构进一步趋优,高新技术产品出口 8.1 亿美元,同比增长 14.8%;机电产品出口 21.8 亿美元,同比增长 5.9%。

(二)招商引资提质增效成效显著

开放的安徽,日益成为国际投资和产业转移的重要目的地。据统计,"十二五"时期,安徽省利用外资年均增长 17.4%。截至目前,全省累计批准设立外资企业超过 1 万家,累计利用外资近 930 亿美元,共有 74 家境外世界 500 强公司在安徽省设立了 132 家企业。2017 年 4 月 11 日,外交部举行安徽全球推介活动,来自 148 个国家的驻华外交官、11 个国际组织的驻华代表,境外世界 500 强企业和外国驻华商协会代表真切感受到开放安徽的无限活力。不少在皖投资的外国客商表示,安徽大有商机,投资兴业定能收获惊喜。

(三)名企"走出去"步伐明显加快

近年来,由于对外开放的不断深入和经济结构调整升级的内在需求,安徽跟全国一样,已经到了双向投资的新阶段,积极做好"走出去"大文章。截至 2017 年,安徽省"走出去"企业已有 700 多家,一大批知名企业通过合资、收购、海外建厂等方式,实际对外投资额超过 30 亿美元,实现了技术、产品、品牌和管理全方位提升。其中不乏马鞍山钢铁股份有限公司收购法国瓦顿公司、中鼎集团收购德国 WEGU 公司、奇瑞汽车巴西工业园、省农垦集团津巴布韦农业综合开发等一批典型案例。

(四)开放平台建设取得重大突破

"十二五"期间,国务院出台关于依托黄金水道推动长江经济带发展的指导意见,安徽全省加入"长三角经济区",围绕打造长江经济带重要战略支点的构想,依托芜湖港、铜陵港、马鞍山港、安庆港、池州港发展区域性物流中心,安徽沿江各市正结合区位优势,在资源开发、产业发展、市场开拓等方面,走进更加广阔的空间,探索全面开放发展的新格局。皖江城市带承接产业转移示范区、皖南国际文化旅游示范区两个国家级战略平台获批。新增各类海关特殊监管区4个。特别是合肥、芜湖综保区的设立,为带动全省开放型经济水平上台阶提供了平台支撑。开发区转型升级取得积极进展,国家级开发区增至18个,居中部第1,全国第7;省级开发区增至158个,投资强度和产出效益有明显提升,全省初步形成了以国家级开发区为龙头,省级开发区和新型园区为支撑的开发区发展格局。2017年,马鞍山市郑蒲港对外扩大开放建设顺利通过省级验收,"钢城"向"港城"的开放转型迈出新步伐。

(五)开放发展环境进一步优化

壮大开放型经济,必须打造畅通、便捷、高效、安全的通关环境。"十二五"期间,安徽开放通道建设取得积极进展,交通运输水平明显提升。新建新桥国际机场、九华山机场,开通"合新欧"班列,合肥至北京、上海、杭州、武汉、福州等方向高铁列车。海关、商检创新监管服务,工作机构覆盖全省16个市,走在全国前列。区域大通关建设步伐加快,随着长三角一体化通关的施行,安徽省企业通关时间缩短12~24个小时,口岸放行手续费节约近一半,整个物流费用相应节约25%~30%。海关无纸化通关全面推进,通关效率不断提升。通过"合新欧"货运班列,一台合肥产的笔记本电脑,只需半个月便可运抵德国汉堡,比水路运输快一倍以上。安徽省7个一类口岸全部一次性通过世界卫生组织口岸核心能力考核验收,一类口岸数量保持中部第一、全国前列。2016年,安徽以创建自由贸易试验区为牵引,统筹推进各类口岸和海关特殊监管区建设,高水平建设中外、异地合作产业园,积极打造具有国际影响力的展会品牌,让国际国内资源集聚,经济深度融合国际国内两大市场。

滁州市开放发展成就综述①

作为安徽参与长三角合作的最前沿和长江经济带"沪宁合"发展主轴上的重要节点城市,近年来,滁州市进一步抢抓机遇、扩大开放、厚植优势,深度融入南京、合肥两大都市圈,逐步形成"双圈互动、左右逢源"的区域发展新优势,全面提升开放型经济水平,奋力打造安徽开放发展新高地。

规划对接　做大平台

一是从战略全局高度谋划和推进区域协调发展,积极参与《南京都市圈区域规划》等综合、专项规划编制工作,注重从规划上做好衔接和区域融合发展,有力推动了滁宁建设规划体系融合。

二是加快承接产业转移平台建设,借力发展。在产业布局上,在滁州与南京之间布局建设1个国家级开发区和8个省级开发园区,使之成为紧靠南京的大规模承接基地。在园区共建上,积极创新合作方式,引进苏州工业园区合作共建苏滁现代产业园,园区实现九通一平,引进项目80多个,总投资近300亿元。与上市公司、国内知名的企业协议整体开发汊河新区。

三是对接行业合作平台,推进区域间农业和旅游合作。连续多年参加上海农交会、合肥农交会和南京农业嘉年华等展示展销活动,建成南京市菜篮子工程特约保供基地2平方千米。深入开展"宁镇扬马滁"旅游合作,琅琊山和狼巷迷谷等14个景区入选"青奥之旅"指定接待景区,

---

① 《滁州2016年开放发展成就综述:打造安徽开放发展新高地》,滁州市人民政府(政府办公室)信息公开,网址:http://www.chuzhou.gov.cn/public/index.html。

南京游客占滁州旅游客源一半,促成上海发往滁州的首趟旅游专列运行。

交通互联 民生共享

一是滁州市始终坚持交通先行,更高水平建设与长三角地区互联互通的交通等基础设施网络。目前,滁州已拥有通往苏浙沪的高速公路和铁路 8 条、国省道 11 条,滁州市中心到南京河西新城只需 40 分钟车程。积极推进滁宁城铁建设项目,以及"十三五"规划中的合宁高铁、合连高铁、宁淮城际铁路等线位早日开工建设。

二是主动融入南京都市圈一体化建设,实现资源共享,多点突破拓展合作领域。建成运营滁宁公交换乘中心,开通滁州至南京地铁 3 号线林场站、10 号线南工大站客运班线,延伸南京公交 602 车线路至汊河经开区,不断推进公共交通的换乘服务区域衔接。

三是教育卫生方面,南京儿童医院滁州分院于 2014 年 9 月正式挂牌运营,儿童医院二期扩建工程已开工建设。滁州市第一人民医院已加入南京鼓楼医院集团,计划联合成立南京鼓楼医院苏滁分院。医疗卫生行业共建共享,有效促及了南京优秀医疗资源服务滁州百姓,截至目前,南京各大医院专家来滁坐诊已实现常态化,超过 10 万人次滁州百姓获益。苏滁现代产业园第一小学与南京市琅琊路小学合作创办南京市琅琊路小学苏滁分校。

科创联手 常态合作

一是围绕共建区域协同创新体系,引入南京工业大学、河海大学、中国矿业大学、南京科技职业学院等高校签约入驻,集中力量打造滁州高教科创城。南京工业大学的交通科学研究院、联能科技等首批 4 个项目和机构已顺利开工建设。

二是建立高校院所联络员制度,推进产学研合作。组织苏浙沪 30 余家高校院所与滁州市企业开展产学研点对点合作活动 200 余场次,成功举办了"百所高校滁州行""南京高校滁州行"等大型对接活动,推进企业与全国 100 多所高校科研院所建立长期稳定的产学研合作关系,构建"经科教联动、校企所共赢"的新局面。

三是在长三角三省一市战略合作框架下,加快城市合作,营造全方位、多层次合作交流环境。依托长江经济带、皖江示范区、南京江北新区加快建设的机遇和背景,积极与南京市构建都市圈决策-协调-执行三级运作机制,城市部门间也建立起常态化的协调对接机制,定期、不定期召开党政领导联席会议、市长联席会议、专委会工作会议等协商会议,争取南京支持,落实跨区域合作重大项目,切实将滁州市独特的区位、资源和环境优势进一步转化为发展优势。

二、安徽开放发展面临的机遇与挑战

改革开放四十多年来,安徽坚持主动融入,以开放促改革、促发展,对外开放的广度和深度不断拓展,从大规模"引进来"到大踏步"走出去",积极利用国内国外两个市场、两种资源,加快培育参与国际国内竞争的新优势,开放发展新境界,全省已构筑起了对外开放发展的新格局。取得的成就已载入史册,更加艰巨的任务正摆在面前。党的十八大以来,以习近平同志为核心的党中央引领我国对外开放进入一个新阶段,安徽的开放发展机遇与挑战并存。

新发展理念在安徽的生动实践研究

> 改革开放以后,我觉得安徽走了几步棋,第一步棋就是安徽作为一个内陆省份,通过长江、沿江开放这步棋走得不错,第二个主动融入长三角,实际上是内资外资一起引进,下一步我认为就是要从过去单纯的利用外资,发展到我要融入这个世界,使安徽的改革开放发展能够上一个层次。
>
> ——常修泽(国家发展和改革委员会宏观经济研究院教授)

(一)安徽开放发展的新机遇

今天的安徽,正以更加开放的姿态拥抱世界。"十三五"时期,安徽的开放发展将处于大有可为的重要战略机遇期。

1.全球经济新规则深度调整所产生的机会窗口

从全球来看,现代经济的一个显著特点,是鲜明的外向型。全球范围内区域经济合作步伐进一步加快,贸易自由化、投资便利化的全球经济新规则正在形成,全球范围内资源配置和产业分工正处于深度调整期。党的十八届五中全会提出,积极参与全球经济治理,促进国际经济秩序朝着平等公正、合作共赢的方向发展。"十三五"时期,后国际金融危机影响更加复杂、更加深远,国际环境将继续发生广泛而深刻的变化,但是并没有改变中国发展的"天时、地利"。中国未来的开放战略着眼互利共赢,将为全球经济发展提供更多必要的资金、人员、软件和硬件等公共产品。"从积极角度看,这是中国百年来的历史机遇,承担更多更大的全球公共产品责任,这意味着为世界发展做出更多更大的贡献,也意味着中国的影响力和软实力越来越强,从而推动世界进入共赢时代。"①这也为安徽深度参与全球经济合作、充分利用两种资源和两个市场、促进"引进来"和"走出去"提供了新空间。

> 建设开放型世界经济。世界贸易扩大了,各国都受益。世界市场缩小了,对各国都没有好处。我们要继续做全球自由贸易的旗手,维护多边贸易体制,构建互利共赢的全球价值链,培育全球大市场。要继续反对贸易和投资保护主义,推动多哈回合谈判。要推动各种自由贸易协定做到开放、包容、透明、非歧视,避免市场分割和贸易体系分化。
>
> ——2014 年 11 月 15 日,习近平在二十国集团领导人
>
> 第九次峰会上的重要讲话

2.国家内陆开放新机制所赋予的战略枢纽优势

中国经济持续四十多年的快速发展,得益于对外开放。展望未来,"开放发展"作为核心发展理念之一,将持续为中国经济改革发展提供永续动力。党的十八大以来,国家正从全面深化改革的顶层设计上谋划构建新一轮开放型经济新体制,将开放战略聚焦在东部沿海地区的同时,又把目光投向了广阔的内陆腹地,实施更加主动的自由贸易区战略,完善内陆开放新机制,着力破除开放发展的体制机制障碍。我国当前正通过加快推进"一带一路"、京津冀协同发展、长江经济带战略、中原城市群规划等,推动陆海内外联动、东西双向开放,促进基础设施互联互通的全面开放新格局。这些都为一直处于开放"末梢"的中西部地区带来了重大的战略机遇期。安徽更因其得天独厚的沿江近海的区位优势和承东启西的市场枢纽优势,在"一带一路"倡议的引领

---

① 《"十三五"系列解读:坚持开放发展实现互利共赢》,网址:http://fj.people.com.cn/n/2015/1106/c372371-27032557.html。

下,蓄势待发,向着对外开放的新前沿迈进。

3.安徽营商环境法治便利所形成政策红利

安徽过去的发展很大程度上得益于开放、适应和引领经济新常态,安徽今后的发展更离不开开放,步入"十三五",安徽站上了开放发展的新台阶,安徽省第十次党代会明确提出"积极推进各领域对外合作,构建多层次、全方位对外开放新格局",切实将安徽打造成内陆开放的新高地,加快建设符合新发展理念的美丽安徽。营商环境如何,一直是吸引投资的风向标。近年来,安徽通过刀刃向内的改革,先后出台了《关于进一步促进外贸加快发展的若干意见》《安徽省五大发展行动计划》《安徽省"十三五"利用外资和境外投资规划》《关于加强口岸开放发展促进外贸转型升级的实施意见》《加强口岸开放发展,促进外贸转型升级的实施意见》《安徽积极参与一带一路建设实施方案》等一系列利好政策,共同构筑起开放发展的顶层设计,释放发展活力、强化政策保障,不断优化政府服务,大力构建顺畅高效的企业投资体制机制,营造公平公正的法治环境、平等竞争的市场环境、透明高效的政务环境,吸引了越来越多的海内外企业来安徽投资兴业。

2018年,全省利用省外资金保持平稳增长,全省亿元以上在建省外投资项目5499个,实际到位资金11942亿元,同比增长9%。全省亿元以上在建省外投资项目实际到位资金超千亿元的有合肥、芜湖两市,超700亿元的有蚌埠、滁州、马鞍山、宣城、亳州和安庆六市。全省10亿元以上在建省外投资项目622个,比去年同期多21个。

(二)安徽开放发展面临新挑战

在看到机遇的同时,也要清醒地认识到,安徽未来开放发展同样面临着一定的挑战。突出表现在：

1.世界经济复苏乏力

2008年美国次贷危机诱发全球金融危机，给全球经济造成了深重的负面影响。历经多年演变之后，越来越深地向实体经济渗透，对包括我国在内的新兴经济体影响不断加深，甚至诱发了多米诺骨牌效应。近年来，由于市场需求相对萎缩和经济结构深度调整，国际贸易投资活动强度和频度都呈现下滑趋势，在可预见的2~3年间世界经济复苏依旧乏力，经济全球化与贸易保护主义的博弈异常复杂和激化。这些都使得安徽未来一段时期吸引外资和开拓海外市场难度增加，对外开放发展将不能简单沿袭以往的模式，必须要主动适应国际贸易投资新趋势，转变提升对外开放方式与水平。

2.后发劣势不断凸显

一方面，随着我国综合制造成本上升以及发达国家"再工业化"政策影响，劳动密集型产业加速向低收入国家转移，中高端制造业向发达国家回流。特别是与越南等东南亚国家相比，我国传统制造业的比较优势相对弱化，转型升级任务更加艰巨。另一方面，安徽地处内陆，过去四十多年在国家对外开放梯度推进的进程中属于后发地区，经济开放水平不高，对外依存度低于30%，在全国靠后，对国际市场、全球资源的利用很不充分，开放型经济发展总量较小，大大低于全国平均水平。新常态下经济发展提质增效的本质要求，不会因为发展水平落后有所降低，从某种程度上讲，对落后地区的影响更大。因而未来安徽在开放发展格局上实现弯道超车的压力更大。

3.区域竞争日趋激烈

我国经济发展进入新常态后，各地区都在积极寻找开放型经济的新增长点，培育开放发展新优势，会在对接国家开放战略、推动开发区转型升级、吸引外来投资、加快走出去步伐等方面进行政策制度创新，在一定程度上改

新发展理念在安徽的生动实践研究

变区域梯度发展的原有趋势。当前,虽然安徽身处国家"三大战略"枢纽,但综合考量国家战略布局和安徽自身条件,安徽真正享受国家量身定做的政策红利并不明显,还要应对更多选择诱惑、更多竞争压力。据商务部2016年统计数据表明,当前安徽开放型经济发展面临着"对外贸易回升不牢、利用外资增幅放缓、对外投资后劲不足"三大困境。可见,安徽未来开放发展压力巨大,区域竞争日趋激烈。

当前安徽开放型经济发展面临三方面制约

一是对外贸易回升不牢。上半年,安徽省进出口仍然下降4.8%。其中,机电产品、高新技术产品和农产品等重点产品出口乏力,分别下降3.6%、15.5%、7.7%;合肥、铜陵、蚌埠3市减少进出口14.4亿美元,拉低全省进出口降幅6.8个百分点。二是利用外资增幅放缓。上半年全省实际利用外商直接投资81.7亿美元,增长8.5%,低于去年同期2.8个百分点。其中,房地产业和商务服务业到资大幅下降;开发区引资主体作用有待加强,上半年全省37个省级以上开发区吸收外资不足1000万美元,其中21个省级开发区利用外资未发生实绩。三是对外投资后劲不足。上半年,新备案项目的协议投资额下降47%,承包工程跟踪项目推进难度加大,大部分承包工程企业综合素质还不足以在国际市场承接大型EPC+F项目,对外承包工程新签合同额同比下降46.5%。

——摘自商务部驻上海特派员办事处网站,
http://shtb.mofcom.gov.cn/html.

从机遇方面讲,"我们面临的机遇,不再是简单纳入全球分工体系、

扩大出口、加快投资的传统机遇,而是倒逼我们扩大内需、提高创新能力、促进经济发展方式转变的新机遇。我们必须深刻理解、紧紧抓住、切实用好这样的新机遇,因势利导、顺势而为,努力在风云变幻的国际环境中谋求更大的国家利益"。

——《中央经济工作会议在北京举行》,《人民日报》,

2012 年 12 月 17 日。

从挑战方面讲,"国际经济合作和竞争局面正在发生深刻变化,全球经济治理体系和规则正在面临重大调整,引进来、走出去在深度、广度、节奏上都是过去所不可比拟的,应对外部经济风险、维护国家经济安全的压力也是过去所不能比拟的"。

——习近平:《在党的十八届五中全会第二次全体会议上的讲话》,

《求是》,2016 年第 1 期。

第二节　安徽开放发展取得成就和存在问题的内在深层原因

一、安徽开放型经济发展取得成就的原因

(一)顺势而为,适应了世界发展大势

一部人类文明发展史就是一部世界各国和各族人民之间相互融合交流、友好交往的历史。开放发展是一个民族或国家不断打破地域等诸多限

新发展理念在安徽的生动实践研究

图4-1 对外开放中的安徽

制,寻求与世界合作共赢的必然选择,体现了其与世界互联互通、互学互鉴的精神。习近平指出:"各国经济,相通则共进,相闭则各退"。当今世界,经济全球化深入发展,商品、服务和市场资源要素跨国流动,世界范围内经济相互依存度不断加深,利益共同点不断增多,日益形成了你中有我、我中有你的命运共同体。任何国家和民族都不可能独善其身,更不可能关起门来搞建设、谋发展,只有大开放才有大发展,全方位对外开放发展是顺应世界发展大势的迫切需要。作为全球第一大货物贸易国、世界第一大吸引外资国和第三大对外投资国,我国与世界的互通互联是前所未有的。当前,我们唯有坚持对外开放,顺势而为,以放眼全球的宽广视野和战略谋划,主动顺应经济全球化潮流,才能最终实现美丽安徽的建设。

> 在经济全球化时代,各国要打开大门搞建设,促进生产要素在全球范围更加自由便捷地流动。各国要共同维护多边贸易体制,构建开放型经济,实现共商、共建、共享。要尊重彼此的发展选择,相互借鉴发展经验,让不同发展道路交汇在成功的彼岸,让发展成果为各国人民共享。
>
> ——2015年9月26日,习近平在联合国发展峰会上的重要讲话

(二)主动作为,融入了国家发展战略

"中国的开放大门就像阿里巴巴'芝麻开门'一样,开开了就关不上了。"2015年9月,国家主席习近平访问美国,在西雅图与企业家座谈时做了一个生动形象的比喻,向世界坚定地展示了中国将更加积极主动推进开放发展

的诚意与决心。自 1978 年，党的十一届三中全会作出改革开放的重大历史决策以来，我国就开启了波澜壮阔的对外开放发展的时代进程。从创办经济特区到开放沿海城市，从开辟沿海经济开放区到全面开放沿边内陆地区，从加入世界贸易组织到建立自由贸易区……我国对外开放的脚步不断加快，范围不断扩大，一幅全方位、多层次、宽领域的对外开放的壮美画卷在中华大地渐次展开，我国的开放型经济总量规模跃居世界前列。党的十八大以来，以习近平同志为核心的党中央主动适应和引领我国经济社会发展进入新常态，坚持实行更加积极主动的开放战略，不断拓展对外开放的深度和广度，以开放发展的理念和部署来厚植发展优势，以全新的战略部署优化全面开放的新格局，既要把世界的机遇转变为中国的机遇，又要把中国的机遇转变为世界的机遇。近年来，安徽更是主动作为，积极对接、全面融入"一带一路"、长江经济带、京津冀协同发展、自贸区建设等国家重大开放发展战略，加快打造内陆开放新高地，奋力实现更高质量、更高水平的发展。

（三）抢抓机遇，做大了自身特色优势

2016 年 4 月，习近平考察安徽时特别强调安徽要立足自身优势，加强改革创新，努力闯出新路，奋力开创经济社会发展新局面。随着国家"三大战略"、创新驱动发展、全面深化改革、建设制造强国、推进新型城镇化等重大决策部署的不断深入，安徽省沿江通海、居中靠东、承南接北的区位优势日益凸显，已成为"一带一路"和长江经济带的重要节点，在内外联动、东西双向开放格局中，历史性地站在了最前沿。近年

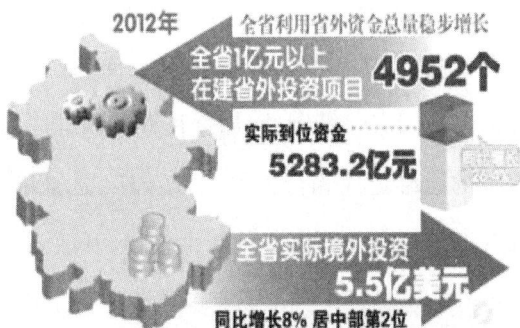

图 4-2　2012 年安徽省经济总量稳步增长

来,安徽抢抓机遇,一是突出战略定位,依托地理枢纽构建交通枢纽,全力构建高标准大通道、高水平大平台、高效率大通关的枢纽型经济动力核,把区位优势转化为现实的开放优势。二是突出产业支撑,统筹推进"三重一创"建设,围绕新兴产业,实施全球精准招商,在更高水平、更高层次上参与国内外分工合作,大力引进产业龙头企业及产业链核心企业,引进培育了一大批外向型的大企业大项目,以更大力度掀起招商引资高潮,高水平推动引进来走出去,加快构建具有国际竞争力的现代产业体系。三是突出转型升级,持续提升对外贸易发展水平,在规模上坚持做强外贸主体,在质量上坚持做到优进优出,在模式上坚持做大新型贸易,努力促进外贸回稳向好,为全省经济平稳健康较快发展提供重要支撑。四是创新体制机制,率先实行政府权责清单和涉企收费清单管理,全面推进"一照一码""先照后证""五证合一"的商事制度改革,优化政府服务,营造亲商便商的良好环境,让海内外投资者在安徽创新愉快、创业愉快、创造愉快。

二、安徽开放型经济发展存在的深层次制约因素

近年来,安徽正处于难得的重大战略机遇期中,开放型经济发展虽然取得了一定成绩,但也依然存在诸多深层次的制约因素。

第一,思想观念落后,开放发展体制机制不畅。安徽省拥有丰富的自然资源,现有发展基础坚实,未来发展潜力巨大。但作为中部地区,在改革开放初期受到国家政策制约,加之长期的内陆心理定位,形成一种较普遍的封闭保守的思维定式和行为习惯,不能以更加开放的思想、更加开阔的视野、更加开朗的心态去面对各种新生事物,开放发展意识淡薄。近年来,虽然安徽人民群众思想意识和市场竞争体制取得了长足的进展,但与适应新形势下所形成的对外开放的思想观念和新体制机制的运行要求,仍有相当大的差距,

在一定程度上束缚了安徽开放型经济发展。这些思想观念和体制机制方面的制约,已成为安徽加快推动开放型经济发展跨越崛起、争先进位,奋力走在内陆省份前列,着力打造内陆开放新高地切实需要解决好的一个核心问题。

第二,驾驭市场能力不强,企业经济外向度偏低。近年来,随着我国经济发展进入速度变化、结构优化、动力转化的新常态,安徽作为经济开放发展后发地区,一方面在影响经济发展的人口、资源、环境等硬约束条件不断强化,劳动力、土地、能源等传统竞争优势逐步减弱的背景下,安徽经济发展产业不合理、创新能力不强、外向度偏低等问题日益凸显,传统粗放式发展难以为继,经济下行压力加大。另一方面长期在市场压力、活力不够的影响下,不少行业处于垄断经营状态,在经济发展中重模仿、轻创造、亦步亦趋,发展方向摇摆不定,缺乏"走出去"的紧迫感,对外部环境变化反应慢,经营思想保守,改革创新不足,参与竞争不够,也致使安徽产业参与开放型经济的市场主体少、规模小,缺乏战略思维和把握机遇的能力,不能充分利用两个市场、两种资源来盘活品牌将其做大做强,加速自身发展。

第三,人才队伍建设滞后,干事创业氛围不足。人是做好一切工作的最终决定因素。发展开放型经济,既要有一批改革开放意识强、善于驾驭形势、制定政策的政府官员,更要有一批企业家队伍作为领路人,还要有一支致力于开展开放型经济建设实践的对外实践的人才队伍,如精通国际经贸规则的翻译人才队伍、招商人才队伍、经营人才队伍、法律人才队伍等。而安徽虽然拥有一大批知名高校,但却因种种原因,尚未真正全面形成尊重劳动、尊重知识、尊重人才、尊重创造的浓郁氛围。既没有充分尊重、挖掘、使用经济管理人才,也没有为企业家群体的成长壮大营造一个良好环境,不能让真正想干事的人有机遇、能创业的人有舞台、肯干事的人有个好心情、干成事的人有个好待遇。人才队伍建设滞后,干事创业氛围不足,客观上导致安徽在开放发展中的项目引进与输出、产品进出口均受到了一定的制约与影响,错失许多良好的发展机遇。

第三节　践行开放发展新理念,
助力安徽建设内陆开放新高地

> 实施开放发展行动,加快建成双向互动内外联动的内陆开放新高地。进一步强化全社会大开放意识,充分发挥沿江近海、居中靠东、承南接北的区位优势,以深化长三角一体化发展为着力方向,全方位扩大对内对外开放,努力把安徽省打造成"一带一路"的重要枢纽,打造成长江经济带的重要战略支撑,打造成长三角新发展的重要增长极。
>
> ——2016年10月30日,中共安徽省第十次代表大会报告

当前和今后一个时期,安徽仍处于大有可为的重要战略机遇期。世界范围内新一轮科技革命蓄势待发,新的产业革命正在孕育突破,为我们引领新常态、培育新动能、发展新经济提供了难得的机遇。国家深入实施"三大战略",推进供给侧结构性改革,加快创新驱动发展,为我们加快转变经济发展方式,打造内陆开放新高地,提高发展质量效益提供了难得的机遇。

一、安徽"十三五"期间开放发展思路

"十三五"时期是我国全面建成小康的决胜时期,也是全面深化改革的关键时期。着力提升开放发展水平,切实将区位优势转化为发展优势是安徽经济长期持续发展,实现弯道超车的必由之路。"十三五"期间,国际经济不确定性异常复杂,安徽加快经济社会发展步伐,必须全面贯彻落实习近平新

第四章　皖江畅通达四海：开放是安徽繁荣发展的必由之路

时代中国特色社会主义思想尤其是习近平视察安徽时的讲话精神，深刻把握世界经济深度调整变革的新形势、新趋势、新变化，主动适应我国开放型经济发展新阶段的内在要求，在全面深化改革、扩大内陆开放上做足文章，牢固树立世界眼光，更好把安徽发展与对外开放统一起来，全速打造内陆开放新高地。

（一）依托国家三大开放战略新布局，构建内陆开放高地

近年来，我国着眼于全球经济深度调整升级大趋势，稳步推进"一带一路"建设、京津冀协同发展、长江经济带三大开放战略部署，致力改变我国对外开放东快西慢、海强陆弱的局面，实现内陆开放高地与沿海开放带加强协同联动，适当错位发展，全力打造"增长极带动、轴线拓展、网络联动"的全域对外开放的总体空间格局。在国家对外开放梯度中，安徽地处内陆，过去一直属于后发地区，外向型经济依存度不高，开放发展不充分。但国家新的对外开放布局为安徽扩大开放水平、迈向经济国际化提供了机遇窗口。安徽可以凭借其在三大开放发展战略中独特的区位优势，以"制造大省"的产业结构和良好基础建设能力，奋力扭转对外开放"低谷"现象，提升在全国开放格局中的层级，增强竞争意识、开放观念，实施更加积极主动的开放战略，全力建设内陆开放新高地。

（二）顺应国际贸易投资新趋势，转变提升开放方式

2008 年全球金融危机爆发以来，受到市场需求相对萎缩和经济结构深度调整的影响，经济全球化与贸易保护主义的博弈异常复杂和激化，国际贸易投资活动强度和频度都呈现下滑，且短期内难以复苏。我国新一轮对外开放将不会简单沿袭以往的模式，而必须顺应国际贸易投资的新趋势新特征，积极转变提升对外开放方式。安徽也必须突破对以往模式的依赖，一要以"创新驱动、产业升级"为主题，推动制造业在全球价值链竞争格局中产能转

移;二要推动单一产业资本直接投资向注重知识资本、科技创新合作和创新链与产业链融合发展;三要基于地方优势创新资源和产业基础,发挥双边政策的叠加放大效应,实现优势互补;四要着重利用国际区域化的双边合作协定形式,发挥政府、市场和企业的合力作用,深化合作层次。

国际贸易投资呈现出新的阶段性特征①

一是在全球价值链竞争背景下,国际贸易投资活动将不再以在原有产业层级基础上的市场份额为焦点,而是转变为以占据全球价值链的中高端位置为重点。

二是科技创新的国际合作趋势日益明显,知识、技术创新速度加快,科技发展呈现出多点突破、交叉汇聚的态势,跨国协同创新成为推动科技创新发展、提升核心竞争力的重要途径。

三是现代服务业的地位明显上升,日益成为对外开放的新热点。

四是区域化与全球化并存,贸易投资一体化、自由化等制度安排和规则将主要通过地区自由贸易区等区域合作形式实现。同时,以世界贸易组织规则为代表的全球化规则体系与各区域化协定为代表的区域化规则体系双轨并行。

(三)以科技创新、产业升级为主题,发展开放合作伙伴

安徽现有的国际贸易伙伴基本上都是一般货物贸易伙伴,引进的外商企业也大都属于加工制造业。在国家科技创新和产业转型升级的背景下,安徽未来的经济发展必须提质增效,以培育全球价值链竞争的新优势为目标,从科技创新和产业升级领域突破,实现长期发展动能转换。因此,必须特别

---

① 宋宏:《安徽经济提升开放发展水平的思路》,《安徽日报》,2017年1月4日。

注重寻求和发展中高端的开放合作伙伴，在科技创新开放合作领域，要瞄准新一轮科技产业革命的主要创新源头国家和地区，契合安徽科技资源优势的实际，积极开展对外科技创新合作。在产业升级上，要瞄准产业转型创新升级的大国，重点在智能研发、智能技术、智能制造装备、智能新产品及其营销等环节，发展协同创新机构、企业和中介机构的合作伙伴，立足于创新驱动，推动创新链、产业链、资金链"三链"集成融合，坚持引智、引才、引资并重，构建新一代高中端制造行业产业链条。

（四）实施"双向开放"战略，支持企业"走出去"

我国新一轮开放发展的战略部署将由过去的单向输入型开放模式转换为输入输出并行的"双向开放"模式。因而，未来将有更多的安徽企业沿着"一带一路"及其各经济走廊中的发展中国家和地区路线图"走出去"，开展海外投资输出，在世界市场的大浪中练就经风雨、强筋骨、逐潮头的本领。尤其是要推进核心企业加配套企业联动组团式"走出去"，打造结构合理和规模适中的企业集群，从而降低产业内部交易成本，提高"走出去"效益。同时精心塑造"开放安徽"形象，创新外宣方式，加大外宣推介力度，传播安徽系列特有的品牌，通过具有安徽特色的文化交流活动、企业经贸活动与国际友好城市途径，展示形象，提升美誉度，不断提升安徽城市和企业国际化水平。

抱团出海，"盆景"渐成"风景"

——安徽"开放发展见行动"综述

江淮汽车非洲设立轻卡组装工厂、埃夫特成功收购意大利 EVOLUT 公司、中鼎收购欧洲汽车零部件企业 AMK、两万多名农民工海外"淘金"……今年以来，安徽省企业出海发展渐由"盆景"变"风景"，成为全

省外向型经济中发展最快的业务领域。省第十次党代会提出,"支持企业走出去,深度融入全球产业链、价值链、物流链"。围绕这一目标,安徽省积极引导和推动企业"抱团出海",深化国际产能和装备合作,破解安徽省经济发展的市场瓶颈、资源瓶颈、技术瓶颈,不断提升国际竞争力。

聚焦"一带一路",拓宽国际产能合作领域

泰国巴真府304工业园,在泰国阳光国际生物有限公司仓库内,机器手有条不紊地将成袋柠檬酸码放整齐,等待运输去码头发往世界各地。从建设到投产,1年左右的时间,丰原生化旗下的这家企业就实现了盈利,如今已是东南亚地区最大柠檬酸生产制造企业。

随着国家"一带一路"建设深入实施,安徽省企业积极在沿线国家进行产业投资和市场布局。目前,全省共有基础交通、贸易平台、产能合作和人文交流等4类"一带一路"建设重点项目103个,总投资9912亿元。今年前11个月,安徽省在"一带一路"国家设立境外企业27家,同比增长13%。

省农垦集团津巴布韦50万公顷土地农业综合开发项目,经过近6年发展,已取得初步成效,经营规模从第一年2个农场、1800公顷发展到目前的10个农场、1.2万公顷,年产粮食两万吨。项目公司已经成为津巴布韦境内规模最大的农业生产企业,不仅有效利用了国外资源,还合理规避了贸易摩擦。"安徽省企业走出去正从规模扩张向质量提升转变、从单打独斗向协同并进转变。"省商务厅有关人士表示,贯彻落实省党代会要求,就是继续突出"一带一路"建设的重要地位,遵循"突出周边、主攻非洲、开发拉美、拓展南太、探索欧美"的拓展思路,聚焦沿线国家市

场,推动装备制造、建筑材料、平板玻璃、汽车、家电、钢铁、水泥等优势行业企业开展国际产能合作,支持对外承包工程企业承揽大型 EPC 项目带动装备制造走出去。

以资本换技术,打造转型升级新空间

"在经济全球化的大背景下,国际化市场、国际化生产、国际化设计,企业要想更好地参与国际分工合作,必须走出去。"省国际经济合作商会秘书长连瑞南表示,过去,国内企业在很长时期都走以市场换资金和技术的路子,现在企业在资金、技术上都有了相当充分的积累,具备了"资本换技术"的实力和能力。

"2015 年和 2016 年两年,我们先后尝试了两次小规模的跨境并购,以较低的价格收购了两家意大利企业,其中一家专注喷涂机器人领域,另一家聚焦金属高端加工领域,填补了埃夫特的技术空白,使公司产品迅速渗透到卫浴、家具、钢铁等行业。"芜湖埃夫特智能装备有限公司董事长许礼进说,两次兼并重组让他们尝到了甜头,也坚定了通过境外并购,实现弯道超车、跨越发展的信心。

"我们全资收购了世界 500 强企业荷兰恩智浦公司,实现了完整知识产权的跨国转移,涵盖 103 个专利族、303 项专利,填补了国内技术空白。"省产业并购基金相关负责人表示,这家当前拥有世界最先进的射频芯片技术、产品市场占有率全行业第一的企业,未来将把研发中心、区域总部、新增产能基地落户合肥,依托合肥市打造国际化"IC 之都",促进安徽省集成电路产业发展,提升安徽省在集成电路行业的规模化优势和技术领先优势。近年来,安徽省越来越多的企业通过跨国投资获取了技术、品牌、市场终端渠道,通过国际化经营增强了自身竞争实力,不断打造转型升级新空间,为全省经济调结构、转方式、促升级做出了贡献。据统计,2009 年以来,安徽省已有 30 多家企业实施了 50 多项境外并购,涉及建材、农产品精加工、矿产开发、汽车零部件、新材料、机械制造、纺织、商业服务等多个行业。仅"十二五"期间,安徽省以并购境外优质企业方式对外投资数量由"十一五"的 5 家上升到 28 家。

强化政策支持,提升企业国际化水平

中白工业园投资推介会、泰国市场推介活动、新西兰市场推介活动……今年,安徽省积极搭建合作交流平台,先后举办多场投资对接活动帮助企业寻求境外商机,提升走出去成功率。"我们抓住澳门举办'国际基础设施投资与建设高峰论坛'、基础设施投资承包商聚集的机会,举办安徽企业与'一带一路'国家对接会。"省商务厅外经处负责人说,根据安徽省对外承包工程布局及开拓规划,将俄罗斯、老挝、伊朗、斯里兰卡、科威特、安哥拉等列为重点对接国别,邀请基础设施商和行业组织与安徽省交通、电力、房建、冶金等领域优秀企业进行现场对接、谋划合作商机,取得了良好效果。

走出去和国内经济结构调整、国家经济发展的关联以及强大的推动作用,已逐渐被社会各界所认识。安徽省一批优势企业国际化经营规模逐步扩大、能力不断提高,带动了国内成熟产业外向转移,皖企走出去已从一枝独秀到花开满园。

近年来,依托海螺水泥建材产业联盟、丰原集团生化产业联盟、农垦集团农业及农产品加工产业联盟、奇瑞和江汽的汽车产业联盟,省内更多的相关产业中小企业赴境外发展。目前,安徽省走出去业务已经扩展到140多个国家和地区,累计设立境外企业700多家。省商务厅有关负责人表示,今后将围绕国家新一轮开放战略,继续优化对外投资布局,打造国际产能合作基地、境外能源供给基地、企业境外集聚发展基地、境外产业联盟基地,深化国际产能和装备制造合作,增强皖企全球资源整合能力,努力提升企业国际化水平,促进产业加快转型升级。

——鲍亮亮:《安徽日报·江淮要闻》,2016年12月31日第3版。

二、安徽"十三五"期间开放发展目标

立足新形势,安徽"十三五"期间开放发展的总体目标可展望为:到2020年,通过深度融入国家"三大战略",建成一批重大合作项目,打通更多开放战略通道,基本形成高端化的外向型产业集群、高质量的双向开放格局、高水平的对外开放平台、高效率的开放体制机制,推动安徽与长三角地区、"一带一路"沿线国家的开放合作迈上新台阶,形成更加紧密合作关系,实现安徽开放型经济发展跨越崛起、争先进位,奋力走在内陆省份前列。具体指标为:

——对外贸易保持平稳增长。到2020年,货物贸易进出口突破650亿美元,年均增长5%以上,力争达到750亿美元,为2010年的3倍,增幅高于全国进出口增长平均水平,实现进出口协调发展,贸易方式更趋合理,市场结构进一步优化。

——利用外资总量和质量明显提升。到2020年,实际利用外资突破200亿美元,继续保持全国前列。在皖投资的境外世界500强企业超过100家。服务外包产业快速发展,现代服务业累计利用外资占比超过40%。

——对外投资与合作水平显著提高。到 2020 年，对外承包工程和劳务合作完成营业额五年累计超过 200 亿美元，实际对外投资累计达到 100 亿美元，对外投资主体超过 600 家，其中民营企业"走出去"数量超过 400 家。

——开放平台建设取得积极进展。努力实现开发区由政府主导向市场主导转变、由数量发展向质量提升转变。加快建设并完善合肥综保区、芜湖综保区，支持有条件的开发区申报设立海关特殊监管区。到 2020 年，实现国家级开发区在设区的市全覆盖。提高省级开发区扩区标准，申请扩区的工业用地投资强度不得低于 200 万元/亩、亩均税收不少于 15 万元/年，符合土地节约集约利用评价要求。

三、安徽"十三五"期间建设内陆开放新高地的战略举措

2016 年，习近平视察安徽时指出，安徽具有沿江近海、居中靠东的区位优势，又处于"一带一路"和长江经济带重要节点，要积极融入国家三大战略，推进开放大通道大平台大通关建设，统筹推进"引进来"和"走出去"，着力在培育开放主体、完善开放布局、建设开放载体、创新开放体制上下功夫，加快打造内陆开放新高地。这为安徽谋划"十三五"时期的开放发展提供了基本遵循。

（一）主动融入国家战略，积极参与新一轮开放发展大格局

当前，我国新一轮的开放布局正在展开，安徽要充分发挥承东启西、连南接北的区位优势，主动融入、积极对接，契合实际制定好符合实际的开放发展战略规划，争取纳入"一带一路"建设、京津冀协同发展和长江经济带等国家开放总体格局，并使之成为重要节点。依托安徽区位交通、产业基础、市场潜力、文化资源等优势，按照"政策沟通、设施联通、贸易畅通、资金融通、民心相通"的总体要求，加强与"一带一路"沿线国家和国内重点地区、重要

企业合作交流，加快出省出国出海和省内交通基础设施互联互通，构筑"一带一路"合作平台，推动产业、企业、产品、技术走出去、引进来，密切人文交流友好互信。加强与沿江省市协作联动，高效利用长江岸线资源，打造长江经济带综合立体交通走廊。创新区域开放合作机制，优化沿江产业与城镇布局，提升承接产业转移水平，加快建设特色现代产业基地，努力将安徽打造成长江经济带重要的战略支撑和长三角世界级城市群的新的增长极。

（二）升级皖江经济带，推进大通道大平台大通关建设

进一步强化长三角成员意识，在发展理念、政策措施、基础设施等方面加快体制机制等高对接，全方位拓展与长三角地区合作的领域和深度，培育和壮大皖江城市群，打造具有较强影响力的国际化都市圈，提升区域发展能级。实施皖江示范区规划展期，以皖江为轴线依托，按照完善网络、扩大能力、提高水平、构筑枢纽的

图4-3　安徽省初步形成走出去的多元化格局

思路，构建长三角一体化互联互通的综合运输交通体系，促进实现沿江港口统筹规划、分工协作，合理定位、错位竞争，江海联运、联动发展。全面推广自贸区经验和做法，争创国家自贸试验区和合芜蚌金融服务自主创新综合改革试验区，充分发挥各类平台的牵引作用，推动园区转型升级。积极参与全国通关一体化改革，依托安徽电子口岸平台建设，完善通关协作机制，全面推广一站式作业、关检合作"三个一"等新型通关模式，进一步提升贸易便利化水平。皖江城市带承接产业转移示范区规划，是我国第一个为促进中西部地区承接产业转移而专门制定的战略规划。

（三）对接大资本大市场，推动皖企"走出去"

安徽与沿海开放型经济大省的最大差距在企业，主要表现为数量偏少、质量层次不高。要坚持培优扶强，着力引进、培育、发展一批具备核心技术、研发人才、自主品牌、营销渠道等核心竞争力和国际影响力的大企业、大集团，创新外贸发展模式，培育外贸竞争新优势，做大总量，提升质量，使之成为安徽参与全球经济竞争合作的支撑力量。鼓励引导企业着眼全球，积极应对世界经济贸易格局和需求的变化，制定国际化发展战略，参与国际竞争，开拓国际市场，培育外贸新的增长点，不断提高对外贸易质量和效益，增强中小企业国际市场开拓能力，在开放发展中成长壮大。注重示范带动，鼓励具有跨国经营实力的骨干企业主动"走出去"，牵头到沿线国家建设境外经贸合作区，投资建设配套产业园，开展经贸合作，为皖企抱团"走出去"搭建发展平台，积累经验，在开放发展中实现转型升级，提升竞争力。

（四）做实经济发展"调转促"，推动安徽开放发展上台阶

安徽进一步推进开放发展，重点在于优化结构、转型升级、提升质量。一是坚持"产业集中、企业集群、土地集聚、要素集约"的原则。推动各级各类开发区、口岸经济区、综合保税区、自贸区建设，优化空间布局、壮大主导产业、集约利用资源，加快转型升级步伐，增强产业集中度和综合竞争力，努力将安徽各类开放平台在中西部数量第一的优势转化为竞争力优势。二是积极推动外贸转型发展。一方面促进加工贸易转型升级，优化出口商品结构，大力发展服务贸易，做优出口产品品牌，打造拥有国际竞争力的自主品牌；另一方面优化外资投资结构，引导外资投向高新技术、装备制造和新材料制造、现代服务业等产业，发展循环经济、清洁生产、可再生能源、生态环境保护以及资源综合利用项目。三是要加快"走出去"步伐。支持汽车、家电、建材等制造业企业到资源富集、市场需求大的国家建设生产基地，在"走出去"中

实现转型升级,提升竞争力。

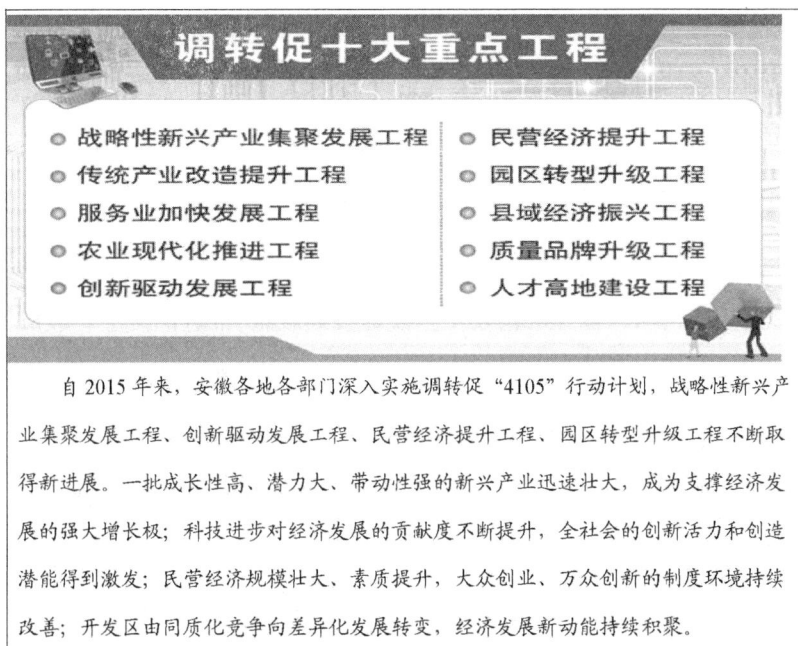

图4-4　调转促十大重点工程

(五)加快体制机制创新,营造开放发展良好环境

相对以往的开放实践,新形势下的开放发展更加注重对全球投资贸易规则的变化的适应和投资软环境的营造。因此,安徽开放发展要在做好国家重大改革举措的跟进、承接、落实的同时,按照省委、省政府的统一部署,要全面贯彻主动开放、双向开放、公平开放、全面开放、共赢开放的理念,通过体制机制创新,着力营造便利化、国际化、法治化营商环境。创新利用外资管理体制,放宽外商投资市场准入,推进金融、教育、文化、医疗等服务业领域有序开放,坚持引资、引技、引智相结合,大力实施精准招商,提高招商综合效益。贯彻落实"三个允许",推进对外投资管理体制改革,逐条逐项出台政策措施,为企业"走出去"提供更多便利。优化开放型人才引进培养使用机制,畅通海外人才集聚通道,吸引海内外人才来皖创新创业,不断提升开放

型经济的层次和水平。

（六）统筹省内协调发展，形成优势互补的区域开放格局

目前，安徽对外开放区域不平衡的矛盾依然突出，要坚持扩大开放与区域协调发展相结合，形成龙头带动、梯度推进、优势互补、分工协作、平衡发展的区域开放格局。充分发挥皖江地区独特的区位优势和安徽开放发展的主引擎作用，建设安徽先进制造业基地和现代服务业基地，带动全省开放型经济发展迈上新台阶。深化和落实支持皖北发展政策，推进淮河生态经济带建设，实施新一轮南北结对帮扶和园区合作共建，加快建设区域合作发展的示范区和"四化"协调先行区。高水平建设皖南国际文化旅游示范区，加快建成美丽中国先行区、世界一流旅游目的地和中国优秀传统文化传承创新区。推动大别山革命老区振兴发展，加快构建特色生态经济示范区和红色旅游胜地。完善区域合作和统筹协调机制，加快形成核心引领、板块联动、多点支撑的发展新格局。

五大发展行动计划之开放发展

据安庆新闻网消息，《安庆市五大发展行动计划及 2017 年实施方案》提出，开放发展以国际化提速和竞争力提升为取向，坚持内修外联双向互动，构筑内陆开放的新高地。

夯实对外开放基础。全面推进铁路、公路、水路、航路等建设，构建互联高效的现代综合通道。加快合安九高铁建设，2020 年底前建成通车。推进武安杭、宿望宣、六安景、北沿江等铁路项目，建设德州至上饶高速桐城段、岳武高速东延线、蕲太高速、合安高速改扩建工程。建成安庆至桐城、望江、枞阳和望江至宿松一级公路。积极发展通用航空。提升

第四章　皖江畅通达四海：开放是安徽繁荣发展的必由之路

长江和内河航道等级。

增强开放平台承载力。建成 B 型保税物流中心，申报建设汽车整车等进口口岸。到 2020 年，港口吞吐量达到 4000 万吨，集装箱达到 25 万标箱。推进与苏浙沪等先发地区、港澳台和外资企业合作共建产业园区。每个县(市)区至少建设一个"园中园"。

提高通关便利化水平。推进投资管理体制改革和贸易监管制度改革。推动电子口岸平台建设，实行"一站式作业"通关模式，创建国际贸易"单一窗口"。2017 年建成 B 保区"一站式"服务大厅。

支持企业海外并购与产能合作。鼓励有实力、有基础的企业到国外开展并购投资，引进先进技术先进产品，更好利用国际资源国际市场。支持有条件的企业在"一带一路"沿线国家建立海外基地，输出产能、腾出要素，推动总部的产业实现高端化发展。

加强公共服务领域对外合作。积极发展高端医疗和国际化教育，2017 年在市立医院开设国际门诊部，到 2020 年，建成一所国际医院、一所从幼儿园到高中教育的国际学校。加强职业院校与国际实用型大学合作。建立外资企业审批、外籍人士生活、休闲的综合服务中心。拓展朋友圈，实现每个洲都有友好城市。

——2017 年 02 月 21 日，人民网·安徽频道

第五章
增进福祉惠民生：
共享是安徽科学发展的目的要求

我们必须坚持发展为了人民、发展依靠人民、发展成果由人民共享，作出更有效的制度安排，使全体人民朝着共同富裕方向稳步前进，绝不能出现"富者累巨万，而贫者食糟糠"的现象。

——2015年10月29日，习近平在党的十八届五中全会第二次全体会议上的讲话

邓小平指出，"社会主义的本质就是解放生产力，发展生产力，消灭剥削，消除两极分化，最终达到共同富裕。"改革开放四十多年来，在这一目标的指引下，安徽人民共同努力、艰苦奋斗、辛勤劳动，经济社会持续健康快速发展，经济总量连上新台阶，政治、科技、文化、生态等各方面事业取得了前所未有的发展成就。2019年，面对复杂多变的国内外发展环境和经济下行压力的情况下，全省经济运行总体平稳、稳中有进、稳中趋好，各项社会事业全面进步，"总体上看，经济运行保持总体平稳、稳中有进、质量提升的态势，且韧性较强，主要指标增速不仅保持了快于全国、位次靠前的格局，而且实现了

争先进位，为实现全年经济主要发展预期目标奠定了坚实基础"①。这一成就的取得为全体安徽人民群众共享经济社会发展成果、走向共同富裕的道路奠定了厚实基础。党的十八届五中全会把"共享"作为发展的出发点和落脚点，顺应了时代发展潮流，符合社会主义发展的价值取向，充分体现了中国共产党科学谋划人民福祉的重要发展理念。安徽省积极把"共享发展"理念作为增进人民群众福祉的一条红线贯穿安徽"十三五"规划发展的始终。

第一节 共享发展惠及民生是安徽发展的美好愿景

发展理念是发展行动的先导，是发展思路、发展方向、发展路径和发展价值取向的集中体现。共享发展是中国共产党人在准确把握人类社会发展规律和社会主义建设规律的基础上，结合现阶段我国全面建成小康社会的发展实践，提出的全新的具有鲜明价值取向、符合科学发展规律、顺应时代发展潮流的发展理念，充分体现了社会主义发展的本质和中国共产党人全心全意为人民谋福祉的愿望，是对马克思主义共享发展观的丰富和升华。由人民共享改革发展成果，使人民生活得有尊严，增进人民生活福祉，是国家发展的价值取向和最终目标之所在。

一、共享发展的科学内涵

（一）共享发展的核心思想是以民为本

民本思想是中国古代思想史上最光辉的思想。孔子认为君主治理国家首先应该富民、惠民，只有百姓富足了，国家才能富强。孟子继承了孔子的富

---

① 《2019上半年安徽省GDP同比增长8% 增幅居全国第6位》，凤凰网安徽综合，网址：http://ah.ifeng.com/a/20190717/7620629_0.shtml。

民、惠民思想,并提出了"制民之产"理念,对于人民的需求要满足他们,给予他们充分的生产资料,使他们能够安居乐业。民本思想也是马克思主义的核心思想:"过去的一切运动都是少数人的,或为少数人谋利益的运动。无产阶级的运动是绝大多数人的,为绝大多数人谋利益的运动。"①毛泽东说:"共产党人的一切言论行动,必须以合乎最广大人民群众的最大利益,为最广大人民群众所拥护为最高标准。"邓小平、江泽民、胡锦涛等几位党的领导人都从不同角度强调了人民群众的重要地位。习近平指出:"要坚持以人民为中心的发展思想,要把增进人民福祉、促进人的全面发展……作为经济发展的出发点和落脚点。"②马克思主义民本思想充分体现了人类民本思想进步的时代特征,要求我们充分尊重人民群众在历史进程和社会发展中的主体地位和根本利益,全心全意为人民的根本利益和发展谋福祉。

(二)共享发展的价值取向是共同富裕

共同富裕、共同发展是千百年来中国人民的共同梦想和不懈追求。从孔子的"不患寡而患不均",孙中山的"民有、民治、民享",毛泽东的"必须给人民

图5-1 村民参加村委会换届选举大会

以看得见的物质福利",邓小平的"一部分地区有条件先发展起来,一部分地区发展慢点,先发展起来的地区带动后发展的地区,最终达到共同富裕"。到习近平提出"发展成果由人民共享,使全体人民有更多获得感,朝着共同富裕方向稳步前进","人民对

---

① 《马克思恩格斯文集》(第二卷),人民出版社,2009年,第42页。

② 《习近平在中共中央政治局第二十八次集体学习时强调:立足我国国情和我国发展实践,发展当代中国马克思主义政治经济学》,《人民日报》,2015年11月25日。

美好生活的向往，就是我们的奋斗目标"，充分体现了中华民族不同时代的思想家和建设者对实现人民富裕的美好夙愿和不懈艰苦奋斗的精神，也充分体现了以习近平同志为核心的党中央对全面建成小康社会，实现人民共同富裕的执政理念的升华和价值诉求。

（三）共享发展的内在要求是公平正义

古希腊伟大的思想家柏拉图说："待人不公正比受到不公正待遇更有失体面。"要使每一个人能体面地生活，能"共同享有人生出彩的机会，共同享有梦想成真的机会"，就必然要求社会充满公平正义。当前我国社会正处于转型期，社会思想文化、利益主体、利益诉求呈现多元化态势。公平正义就成为实现利益均衡、化解利益矛盾的关键，契合了当下百姓的共同期待，更体现了中国特色社会主义本质的内在要求。

（四）共享发展的根本动力是共同建设

共享发展的落脚点和归宿就是要实现共同富裕，但这绝对不是要回头搞"平均主义"，吃"大锅饭"。在社会主义初级阶段条件下，如果实行"平均主义"和"大锅饭"，必然会抹杀劳动分配上的差别，否认按劳分配为主的分配制度，把社会化大生产倒退到自给自足的自然经济状态下，这就违背了社会历史发展规律。所以，共享发展需要建立在现有的制度基础上，注重效益与公平之间的平衡，坚持发展依靠人民，在人人参与、人人尽力、人人共建的基础上为全面实现"两个一百年"的奋斗目标贡献自己的力量。

二、共享发展惠及民生是安徽发展的价值追求

我国社会主要矛盾已经转化为人民日益增长的美好生活需要和不平衡不充分的发展之间的矛盾。主要矛盾的转变说明人民有了更多美好生活的需要，例如期盼有更好的教育、更稳定的工作、更满意的收入、更可靠的社会

保障、更高水平的医疗卫生服务、更舒适的居住条件、更优美的环境,期盼孩子们能成长得更好、工作得更好、生活得更好。可以看出,人民的美好生活需要是多方面的,要满足这些需要必须依靠发展,而这种发展必须从多个方面入手,因为单一维度的发展不能满足多方面的需要。

满足多方面的需要必须坚持五大发展理念。我国创新能力不强,科技发展水平总体不高,科技对经济社会发展的支撑能力不足,科技对经济增长的贡献率远低于发达国家水平,这是我国这个经济大个头的"阿喀琉斯之踵",这要求我们坚持科学发展。我国发展不协调是一个长期存在的问题,突出表现在区域、城乡、经济和社会、物质文明和精神文明、经济建设和国防建设等关系上,这就要求我们必须坚持协调发展。绿色循环低碳发展,是当今时代科技革命和产业变革的方向,是最有前途的发展领域,我国在这方面的潜力相当大,可以形成很多新的经济增长点,这就要求我们必须坚持绿色发展。我国对外开放水平总体上还不高,用好国际国内两个市场、两种资源的能力还不够强,应对国际经贸摩擦、争取国际经济话语权的能力还比较弱,运用国际经贸规则的本领也不够强,这需要我们必须坚持开放发展。让广大人民群众共享改革发展成果,是社会主义的本质要求,是社会主义制度优越性的集中体现,是党坚持全心全意为人民服务根本宗旨的重要体现,这需要我们必须坚持共享发展。其中共享发展是五大发展理念的落脚点和归宿。

为了实现共享这一价值追求,要聚焦扎实增进人民群众的获得感,着力保障改善民生。省委书记李锦斌强调:"我们按照习近平总书记民生优先的要求,深入实施33项民生工程,切实履行好保基本、保底线、保民生的兜底责任。坚决打赢脱贫攻坚战,启动实施'重精准、补短板、促攻坚'专项整改行动,对大别山区等较深度贫困地区集中攻坚;大力推进光伏扶贫、教育扶贫等十大工程,积极推行园区带动、龙头企业带动、农民合作社带动、经营大户带动和贫困群众自主发展产业的'四带一自'模式,率先实施'351''180'医疗保障政策;保持贫困县党政正职稳定,完善贫困村第一书记、扶贫工作队队长、扶贫专干'三位一体'的包保体系和责任机制。去年全省完成97.1万人脱贫、1077个贫困村出列任务。"[1]可以看出,实现共享发展是安徽发展的出发点和落脚点,也是安徽发展的价值追求所在。

第二节 安徽共享发展取得的成就和面临的问题

一、安徽共享发展取得的成就

社会主义的本质要求和社会主义制度优越性的集中体现就是要让人民群众共享改革开放以来在经济、政治、文化、社会、生态等方面的发展成果,坚定不移走共同富裕的发展道路。党的十八大以来,安徽在经济、政治、文化、社会、生态等各方面都取得了长足的进展,为共享改革发展成果提供了厚实的保障。

(一)政治文明建设稳步推进

"政治文明,通常是指人们改造社会所获得的政治成果的总和。"[2]并且由此所创造的政治成果 "从少数政治家专擅逐步发展为多数人或全体人民共享的资源,经历了漫长而艰难的历程"[3]。我国政治文明的发展从奴隶社会到社会主义社会也经历了一个相当漫长的发展过程。1949年10月1日,中华人民共和国成立,建立了人民民主专政的社会主义国家,人民群众翻身当

---

① 李锦斌:《努力闯出五大发展美好安徽新路》,《人民日报》,2017年8月21日。

② 王惠岩:《建设社会主义政治文明》,《文史哲》,2002年第6期。

③ 《政治体制改革资料选编》,南京大学出版社,1987年,第701页。

家做主人。1956年三大改造完成后,随着社会主义制度的基本建立,社会主义政治文明建设也取得了更大发展。"社会主义政治文明本质上是人民民主的政治文明。"①由人民共享人民创造的社会主义政治文明成果是社会主义政治文明建设的价值归宿。中国共产党领导的多党合作和政治协商制度、民族区域自治制度、宗教信仰自由制度等有效调动了全国各民族人民和各阶层群众参与政治的积极性。1978年党的十一届三中全会以后,我国的社会主义民主政治文明建设取得了长足的发展,创建了政务公开、村民自治、村务公开和厂务公开等一系列标志性的特色社会主义政治文明成果,构成了社会主义民主政治制度的重要组成部分,而且成为人民群众共享社会主义政治文明成果的重要途径。党的十八大以来,以习近平同志为核心的党中央,坚持和完善人民代表大会制度、中国共产党领导的多党合作和政治协商制度,完善中国特色社会主义法律体系,维护社会公平正义,使中国特色社会主义政治文明发展道路越走越宽广,人民群众共享政治文明成果的机会也越来越多。

党的十一届三中全会以来,经过不断探索实践,安徽省农村民主政治建设步入快车道,村民选举有法可依、民主决策普遍实行、民主管理规范有序、民主监督更加有力,普遍建立村规民约、村民会议、村民代表会议、民主理财、民主评议村干部和村务公开等各项村民自治制度,村民自我管理、自我教育、自我服务和自我监督等素质不断提高。农村基层民主建设正成为新农村建设的加速器。近年来,安徽各基层行政村村民委员会选举工作在《安徽省村民委员会选举办法》的指导下有序推进,取得了一系列成果,充分体现了中国特色基层民主管理模式的实效。安徽省全椒县针对美丽乡村建设中"事难理、议难决、决难行"的问题,因势利导,引导农民自主成立村民理事会,牵头议农

① 白以娟:《社会主义民主与政治文明》,《丹东师专学报》,2003年第6期。

家政、理农家事、解农家忧,把村民理事会作为沟通党群干群的桥梁、展示群众当家做主的平台、反映群众愿意和维护群众利益的"代言人",走出了一条农民群众参与美丽乡村建设新路子,赢得了党委政府、村两委班子、农民群众三方满意。村民理事会建设被评为"2013年度中国社区治理十大创新成果"候选项目,被新华网宣传报道。全椒县村民理事会的做法主要体现在以下三个方面:一是在村民小组或集中居住区域,通过自愿报名、民主推荐、民主推选方式选出理事和理事长,组建村民理事会。二是建立村民理事会章程等规章制度,对村级事务实行"一事一议"和"四议两公开",对重大事务一律实行公开。三是注重发挥村级理事会在村庄整治、乡村基础设施建设和提升村民自治水平中的主体作用。

(二)经济建设成果惠及百姓

人民群众日益增长的美好生活需要和不平衡不充分的发展之间的矛盾是现阶段我国社会的主要矛盾,解决这一矛盾的关键是要坚定不移地以经济建设为中心,不断创造丰富的物质财富以满足人民群众的生活需要。2015年5月28日,在庆祝五一国际劳动节暨表彰全国劳动模范和先进工作者大会上,习近平指出:"我们要始终实现好、维护好、发展好最广大人民根本利益,让改革发展成果更多更公平惠及人民。"从2002年到2018年,安徽省国内生产总值从3519.72亿元增长到30006.82亿元。2018年安徽省国内生产总值30006.82亿元,按可比价格计算,比上年增长8.02%。分产业看,第一产业增加值2638.01亿元,增长3.2%;第二产业增加值13842.09亿元,增长8.5%;第三产业增加值13526.72亿元,增长8.6%。三次产业结构由2017年的9.6:47.5:42.9调整为8.8:46.1:45.1。人民群众也从经济发展中得到了看得见的实惠,有了更多获得感。以安庆市为例,2015年,安庆市经济运行总体平稳,经济结构持续优化,内驱动力不断增强,社会事业全面进步,民生保障水平全面提升,全年城镇新增就业 7.45 万人,比预期目标多 2.6 万人,1.64 万人实现了再就业,年末城镇人口登记失业率为 3.04%;初中阶段适龄人口入学率为 100%,小学学龄儿童入学率为 100%;全年城镇常住居民人均可支配收入 23966.2 元,比上年增长 8.4%,参加城乡居民社会养老保险人数为 338.54 万人,扣除价格因素,实际增长 6.9%;全年农村常住居民人均可支配收入 9854.2 元,比上年增长 9.2%;全年享受城市居民最低生活保障的人数为 5.19 万人,享受农村最低生活保障的人数为 19.4 万人。2019 年上半年,安徽城镇常住居民人均可支配收入 18655 元,增长 9.4%,居全国第 3 位,比全国高 1.4 个百分点;农村常住居民人均可支配收入 8228 元,增长 10.1%,居全国第 4 位,比全国高 1.2 个百分点。[①]

表 5-1　2018 年安徽省城镇非私营单位分地区就业人员年平均工资

地区	2018 年	2017 年	名义增长率
合肥市	85074	74683	13.9
淮北市	70263	60372	16.4
亳州市	61326	53596	14.4
宿州市	61692	53461	15.4
蚌埠市	67694	59096	14.5
阜阳市	64501	57010	13.1
淮南市	77941	65621	18.8
滁州市	73608	65273	12.8
六安市	75671	63004	20.1
马鞍山市	79030	71809	10.1
芜湖市	69797	65067	7.3
宣城市	69907	64163	9.0
铜陵市	72427	64090	13.0
池州市	68430	60397	13.3

---

① 《2019 上半年安徽省 GDP 同比增长 8%　增幅居全国第 6 位》,凤凰网安徽综合,网址:http://ah.ifeng.com/a/20190717/7620629_0.shtml。

地区	2018 年	2017 年	名义增长率
安庆市	65253	55491	17.6
黄山市	73627	66197	11.2
合计	74378	65150	14.2

《中共中央关于构建社会主义和谐社会若干重大问题的决定》指出："构建社会主义和谐社会,必须坚持以人为本,从解决关系人民群众切身利益的现实问题入手,使人民内部矛盾得到大幅度的缓解,扎扎实实推进社会主义和谐社会建设。"2012 年 11 月 15 日,习近平在党的十八届中央政治局常委同中外记者见面时指出,"更好的教育、更稳定的工作、更满意的收入、更可靠的社会保障、更高水平的医疗卫生服务、更舒适的居住条件、更优美的环境,期望孩子们能成长得更好、工作得更好、生活得更好。人民对美好生活的向往,就是我们奋斗的目标。"这一深刻阐述更加契合人民群众的具体期待,表明了共享发展就是把实现 14 亿人民的幸福作为最终目的和归宿。

(三)社会建设更加幸福和谐

到 2019 年底,安徽省持续改善义务教育薄弱学校基本办学条件,提前完成五年任务。新建、改扩建公办幼儿园 402 所。首批 364 所智慧示范学校和实验学校加快推进,金寨县智慧学校建设试点取得成效。大力提升高等教育质量,中国科学技术大学世界一流大学建设和合肥工业大学、安徽大学一流学科建设深入推进。率先出台全面深化新时代教师队伍建设改革的实施意见,实行财政转移支付与中小学教师待遇优先保障政策落实挂钩,教师待遇得到有效保障。开展"2+N"常态化就业招聘活动,深入推进就业援助、援企稳岗、再就业帮扶等专项行动,城镇新增就业 70.5 万人,超额完成年度目标任务,城镇登记失业率 2.83%,城镇调查失业率预计维持在 5%以下水平。居民消费价格涨幅2%。健康安徽建设取得新进展,县域医共体实现全覆盖,家庭医生签约服务全面推行,创新实施基本公共卫生服务"两卡制"试点,公立医院综合改革效果评价考核居全国第2位。企业和机关事业单位退休人员基本养老金同步调整,城乡居民基础养老金最低标准提高50%,城乡居民医保财政补助标准提高到每人每年490元,城乡统筹社会救助体系、多层次养老服务体系加快构建[①]。城乡居民在教育、医疗、住房、交通等各方面都得到了改善,社会建设呈现更加和谐幸福的良好局面。

(四)文化建设成果异彩纷呈

图5-2 文艺发展的生动景象

文化是一个民族的精神和灵魂,具有强大的凝聚力量。先进崇高的文化是社会进步和人民幸福的精神支柱。中国先进文化是中华民族兴旺发达、生生不息的伟大动力。"十二五"时期特别是党的十八大以来,我国先进文化建设以中国特色社会主义理论为指导,以社会主义核心价值观为导向,不断深化文化体制改革,极大地促进了社会主义文化大发展、大繁荣,为广大百姓提供了丰富的精神食粮,使广大百姓在共享文化发展成果的同时,精神世界也得到升华。习近平总书记文艺工作座谈会讲话以来,我国文艺呈现出繁荣发展的生动景象,文化创意创新产业快速增长,公共文化服务体系建设取得了显著成效,初步建成了包括国家、省、地市、县、乡、村和城市社区在内的六级公共文化服务网络,农村公共文化服务能力大大增强,通过五大工程(农村广播电视村村

---

① 《安徽省政府工作报告》,人民网,2019年1月19日。

通、户户通工程,乡镇综合文化站工程,农村电影放映工程,农家书屋工程,农村数字文化工程)迅速提升了农村公共文化服务能力和活力,让广大城镇民众共享看得见、摸得着、有所获文化建设成果。

安徽省委九届三次全委(扩大)会议审议通过的《中共安徽省委关于贯彻落实党的十七届六中全会精神进一步加快文化强省建设的实施意见》对全面推进文化强省建设做出了重大部署,对进一步推动文化大发展大繁荣,打造充满活力的文化强省,加快实现建设美好安徽的宏伟目标,具有重要而深远的意义。"近年来,安徽文化建设繁花似锦、亮点纷呈,报业、出版、发行、演艺、广电五大集团破浪前行,文化产业'龙头'阵容形成。网络、动漫、新媒体等新兴业态迅猛发展,合肥、芜湖国家级动漫产业基地和马鞍山、淮南动漫产业集群加快建设,动漫产品产量位居全国前列。'文化民生'进一步提升了百姓的幸福指数。一批

图5-3　安徽美丽乡村景象

批图书馆、群众文化生活馆开放了,一场场群众喜闻乐见的文艺活动送到了基层,一部部徽字号影视作品走上荧屏舞台……'耳朵有听头、眼睛有看头、农闲有学头、生活有奔头'成了百姓文化生活的淳朴写照。"①

(五)生态文明引起广泛共鸣

改革开放四十多年来中国经济飞速发展,取得了举世瞩目的伟大成就,但是这种高速增长也是以严重的资源浪费和环境污染破坏为巨大代价的。"原

---

① 《安徽文化建设亮点纷呈　文化强省大有可为》,安徽网,网址:http://www.ahwang.cn/content/2012-04/12/content_1136458.html。

新发展理念在安徽的生动实践研究

来的经济增长方式不可能持续,要实现可持续发展,必须花大力气解决自然资源渐近枯竭、环境污染日趋严重这一重大问题,必须改变传统的粗放型经济发展方式⋯⋯让良好生态环境成为人民生活质量的增长点。"[①]"生态环境保护是功在当代、利在千秋的事业⋯⋯建设生态文明,关系人民福祉,关乎民族未来。"[②]面对环境破坏日益严峻的形势,我们要转变"先污染后治理"的观念,要确立"既要金山银山,也要绿水青山"的绿色发展理念。随着社会发展和人民生活水平整体的不断提高,良好生态环境成为人民生活质量的重要内容、衡量人民群众生活幸福指数的重要指标、普惠的民生福祉,是提升人民群众获得感、幸福感的增长点,"让居民望得见山、看得见水、记得住乡愁"是党的十八大确立的既定目标,也是广大百姓的心声。

党的十八大以来,党中央、国务院对生态文明和环境保护作出一系列重大决策部署,生态文明建设顶层设计已经形成、生态文明建设制度体系逐步完善、环境治理和生态保护进程加快、开发格局和发展方式不断优化、全社会生态文明意识明显增强,为"美丽中国""美丽乡村"的建设奠定了坚实基础。据人民网报道:"'十二五'以来,安徽生态保护扎实推进,绿色发展行动力大幅提升,生态强省建设取得重要进展。国家下达的节能减排任务超额完成,单位生产总值能耗累计下降21.4%,化学需氧量、二氧化硫、氨氮、氮氧化物排放量分别累计下降10.5%、10.8%、13.6%、20.7%。淮河、巢湖水质稳定向好,新安江保持为全国水质最好的河流之一。淘汰燃煤小锅炉5803台、黄标车和老旧车52万辆,火电机组和水泥生产线脱硫脱硝实现全覆盖。严守耕地保护红线,新增耕地739平方千米,连续17年实现耕地占补平衡。实施千

---

① 罗成翼、代艳丽、黄秋生:《创新 协调 绿色 开放 共享——中国共产党对发展规律的新认识》,《南华大学学报(社会科学版)》,2015年第6期。

② 《习近平谈治国理政》(第一卷),外文出版社,2018年,第208页。

万平方千米森林增长工程,新增造林 6328 平方千米,池州、合肥、安庆、黄山、宣城进入国家森林城市行列,巢湖流域、黄山、蚌埠、宣城等市获批国家生态文明先行示范区。"①

二、安徽共享发展存在的短板问题

习近平总书记指出,全面建成小康社会,强调的不仅是"小康",更重要的也是更难做到的是"全面"。我们要实现的"全面",是小康建设覆盖领域的全面、覆盖人口的全面、覆盖区域的全面。要紧盯共享发展的薄弱环节,在补齐发展短板上谋新路、下硬招、求实效,进一步拓展发展空间、增强发展后劲、共享发展成果。改革开放以来,虽然我们在各个领域都取得了骄人的成绩,但是我们也要充分估计到国内外发展环境广泛而深刻的变化可能会给共享发展的实现带来诸多阻力。针对共享发展过程中可能遇到的难题,我们需要根据实际情况在总的目标指引下及时作出调整和改进。只有这样,才能更好地为实现中华民族伟大复兴凝聚更加磅礴的力量。

（一）政治文明共享存在藩篱

政治文明程度较高的社会必定是多数人能够真正共享政治文明成果。虽然中华人民共和国成立后,我国制定了一系列的制度保障人民享有广泛的民主权利和自由,但由于历史和现实的诸多因素,导致人民在共享政治文明成果的道路上还存在很多藩篱。主要表现为少数领导干部擅权专断、滥用公权,贪污腐败等政治非文明化行为,严重阻碍了多数人民共享政治文明成果、参与政治文明建设的发展进程。伴随着全面深化改革的伟大历史进程,建设美丽新农村,正成为新的时代潮流。而与此同时,渎职侵权等职务犯罪,也在

---

① 《安徽:青山绿水常相伴　生态文明建设锁定五大目标》,人民网,网址:http://ah.people.cn/n2/2016/0308/c358266-27889466.html。

新发展理念在安徽的生动实践研究

这一领域呈现出易发多发之势。

2011年蚌埠市五河县双忠庙镇为推进新农村建设工程，在大杨村开展社会主义新农村建设。江苏盐城人姚庆彪通过关系人向时任双庙镇党委书记刘家鹏贿赂2万元，刘家鹏遂在未对姚庆彪施工资质、信誉、技术力量、经济实力及业绩等情况进行考察的情况下，即决定将大杨村安置楼工程交由姚庆彪承建。施工合同约定承包方提交工程信誉保证金200万元，但刘家鹏再次收受姚庆彪2万元，擅自决定为其减免150万元，后又将姚庆彪已交纳的50万元予以退还。姚庆彪因缺乏相应的经济实力、技术人员、管理人员及偷工减料等原因，其承建的60套安置房中有29套存在严重质量问题，无法入住，致使数十户已拆除旧房的村民无处安身，只能暂住在村委会办公室和两所小学内。镇政府被迫支付31.3万余元进行加固维修、更换材料。引起群众极度不满，先后数人多次赴省、进京上访，造成恶劣的社会影响。[①]胡锦涛指出，扩大公民参与，是实现人民愿望，满足人民需要，维护人民利益的有效途径。虽然国家从顶层设计上明确了扩大公民共享、参与政治文明建设的意愿，但实际上公民在参与政治过程中的非理性化、无序化、形式化、低水平化问题也非常突出，特别是曾出现的过激上访、贿选问题，冲击政府机关行为、群体性事件等问题的发生，充分说明了我国共享政治文明成果的机制还需完善。

另外，随着村民自治制度的创立，基层人民依法直接行使民主权利，管理基层公共事务和公益事业，实行自我管理、自我服务、自我教育、自我监督的基本权利得到了实现，但是"在中国农村尤其在东部农村呈现出富人政治现象，给予原本平稳运行的农村基层民主建设带来不小的冲击。家族宗族势力方方面面的活动，表明新时期旧的封建势力在农村死灰复燃欲再次攫取农村

---

① 《安徽发布一批惠农扶贫领域职务犯罪典型案例》，人民网·安徽频道，http://ah.people.com.cn/n/2015/0828/c358266-26164621.html。

权力的意向,这严重影响农村基层民主建设的进一步展开并受其牵制。农村干部素质低下,结构不合理后继乏人的问题突出表现出来,成了制约农村基层民主建设发展的关键问题"[1]。

(二)经济成果共享不够均衡

习近平多次强调指出,"让老百姓过上好日子是我们一切工作的出发点和落脚点",检验一切工作的成效,"最终都要看人民是否真正得到了实惠,人民生活是否真正得到了改善"。老百姓能不能过上好日子,能不能在生活上得到改善,关键在家庭收入的增加和贫困人口脱贫两个民生"短板"上。问题是"我国现在财产和收入的分配差距都比较大,基尼系数超过美国;1%最富家庭已拥有我国家庭财产的三分之一,已与美国相同"[2]。可以说,这一数字是让人触目惊心的,如果是这样,与我们倡导的"共同富裕"道路不是越来越近,而是越来越远了,也与我们社会主义社会发展本质背道而驰,国家不能不加以高度重视。

2011 年 9 月 17 日,因金融危机、财政危机等因素引发的美国"99%的穷人对抗 1%的富人"的"占领华尔街运动"应该成为我们国家吸取的教训。另一方面,要在建党一百周年之际全面建成小康社会,解决 7017 万人口的脱贫问题成为关键。正如习近平讲的"小康不小康,关键看老乡"。皖北地区经济总量偏小,人均水平偏低的问题很突出,发展不足、发展不优、发展不平衡的矛盾更加明显, 尤其是皖北六市的地区生产总值和人均生产总值只占全省的27.7%和 62.4%,平均工业率低于全省 3.1 个百分点,平均城镇化率低于全省5.8 个百分点,严重制约了皖北的经济社会发展。2016 年 4 月 24 日下午,习

① 林剑杰、杜生权:《农村基层民主政治建设存在的问题及其对策建议》,《长春工程学院学报(社会科学版)》,2011 年第 4 期。

② 程恩富:《论新常态下的五大发展理念》,《南京财经大学学报》,2016 年第 1 期。

近平总书记到革命老区、国家级扶贫攻坚重点县安徽金寨县考察,总书记一连走进大湾村 5 户农家,听取村民对实施光伏发电扶贫项目、种植茶叶、发展养殖业以及移民搬迁等的想法,了解省市县开展扶贫工作的具体做法和取得的成效,同当地干部群众共商脱贫攻坚大计。习近平在走访过程中指出:"因病致贫、因残致贫问题时有发生,扶贫机制要进一步完善兜底措施,在医保、新农合方面给予更多扶持。各级党委和政府要怀着对人民的热爱、按照党中央提出的精准扶贫要求,依靠群众精准找到和帮助贫困户;打好脱贫攻坚战,建档立卡制度要坚持,让老区人民过上幸福美好生活,确保 2020 年实现全面建成小康社会目标是过硬的。"[1]

(三)和谐社会建设中有不和谐事件

改革开放四十多年的发展,我国各方面的发展成就着实让人欣喜。我们在欢欣鼓舞的同时,也应清醒地意识到当前我们在和谐社会、美丽安徽建设过程中还时常发生一些不和谐、不美丽的事件。

首先,食品药品安全监管缺失,医患关系紧张。例如安徽华源生物药业"欣弗"注射液不良反应事件、安徽阜阳劣质奶粉事件等涉及百姓生命财产安全事件,近 5 年发生了不下百起医患纠纷,甚至有患者追砍、殴打医生致医生死亡的事件。

其次,腐败问题突出,成为民众关注焦点。党的十八大以来至 2014 年底,据"新京报记者梳理信息发现,不包括因违反八项规定被查处的官员,仅因涉嫌贪腐等违纪违法被调查的官员有 656 人,其中厅局级 533 人、县处级 121 人、乡科级 2 人。226 人被移送司法,23 人被判刑,2 人遭'断崖式降级',

---

① 《习近平考察安徽金寨:扶贫机制要进一步完善兜底措施》,新华网,网址:http://www.xin-huanet.com/politics/2016-04/24/c_1118719708.htm。

14 人受到'双开'等处罚，其余 391 人正在接受调查"①。安徽受到处分的各级党员、干部也不在少数。安徽省纪委监察通报 2015 年全省党风廉政建设和反腐败斗争情况，共对 8 个单位、185 名领导干部实施了责任追究，并对 8 起被追究责任的典型案例进行公开曝光，其中 13 名厅官、100 多名县处级领导落马②，数据触目惊心。2018 年，全省纪检监察机关共接受信访举报 73479 件次，处置问题线索 63987 件，分别同比增长 35%、20.4%。立案 24991 件，给予党纪政务处分 24960 人，其中因违纪违法受处分的厅局级干部 34 人。省纪委监委严肃查处了马鞍山市委原常委、宣传部部长苏从勇，淮南市政协原副主席姚辉等一批严重违纪违法案件，进一步强化了不敢腐的震慑。坚决惩治涉黑涉恶腐败和"保护伞"，全省共查处涉黑涉恶腐败和"保护伞"等问题 220 件 304 人，给予党纪政务处分 157 人，移送司法机关 75 人。③

最后，体制机制不完善，成为影响和谐社会建设、共享成果的一个重要因素。据调查表明："在当前和今后一段时期，影响我国经济社会发展与和谐社会建设的国内主要因素，'各方面体制还不很完善'被认为是当前影响我国经济社会发展的最主要的国内因素，选中率为 81.3%，远远超过其他所有因素。"④当然，党的十八大以后，在体制机制建设完善方面有了重大改革和进步，比如说养老、医疗、住房、教育等诸多涉及民生领域的体制机制逐步得到完善，百姓明显有了更多获得感。

---

① 《十八大以来至 2014 年底，中纪委"纪律审查"发布 656 官员涉贪被查，地方打"小老虎"成绩出色》，中国共产党新闻网，网址：http://fanfu.people.com.cn/n/2015/0109/c64371-26353774.html。

② 《持续正风反腐 全面从严治党》，《安徽日报》，2016 年 1 月 23 日。

③ 《省纪委通报 2018 年度全省党风廉政建设和反腐败斗争情况》，安徽纪检监察网，网址：http://www.ahjjjc.gov.cn/p/71437.html。

④ 青连斌：《构建和谐社会面临哪些突出矛盾和问题》，网址：http://news.sohu.com/20060912/n245297172.shtml。

（四）文化共享存在格调差异

英国民族学、文化人类学家爱德华·泰勒（E.B.Tylor,1832—1917）在1871年出版的《原始文化》一书中提出："文化或文明，就其广泛的民族意义来说，乃是包括知识、信仰、艺术、道德、法律、习俗和任何人作为社会成员而获得的能力和习惯在内的复杂整体。"①作为社会个体的人需要通过学习和践行科学知识、崇高信仰、高尚道德、法律权威等方面的内容努力塑造自己，使自己得到全面提升，从而成为一个真正意义上具有较高素养的社会人。虽然近些年在社会主义先进文化的熏陶下人民群众文化素质整体得到提升，但社会个体在文化追求方面也存在一定格调差异。主要体现在以下三个方面：

第一，文化精品少，快餐文化多。随着人们生活节奏的加快和微媒体的广泛使用，文化市场在打造经典文化作品方面下的功夫越来越少，更倾向于创作快餐类文化作品，以迎合大众的口味。

第二，草根文化发达，主流文化薄弱。草根文化借助网络在青少年群体中扩散迅速，很快被青少年群体吸收，极大地影响了青少年群体的思想和行为，尤其是一些低俗的草根文化遮蔽了年轻人的视线，影响青少年健康成长。相反，主流文化的传播、教育却显得薄弱。

第三，娱乐文化泛滥，高雅文化资源稀缺。中国传媒大学教授王雪野指出："'当今，从电视到电影，从报刊到新兴媒体，无不充斥着以感官刺激为表象、穷尽低级搞笑、卖弄噱头之能事'。在这个急速转型的社会里，娱乐被民众曲解为享乐，娱乐演变成一种文化产品。"②文化产品越来越趋向庸俗化、媚俗化，甚至低俗化，突破社会道德底线的事件屡见不鲜，败坏了社会风气。

---

① ［英］爱德华·泰勒：《原始文化》，连树声译，上海文艺出版社，1992年，第1页。

② 王雪野：《娱乐"至尚"如何滑向了"至上"》，网址：http://theory.rmlt.com.cn/2014/0909/316697.shtml。

乡村,曾是民风最纯洁、最朴实的地方,现在却正遭受着一些所谓的乡村"艺术团"低俗文化演出的"糟蹋"。据有关人士在皖北部分乡镇进行了长达数月的调查后发现,在皖北一些乡镇,很多人家办红白喜事时都喜欢请喇叭班。不仅婚丧嫁娶,有时就连开业庆典、促销宣传等也会找来"艺术团"(农村喇叭班),搭上大戏台,上演一幕幕搔首弄姿、疯歌狂舞的低俗闹剧。特别是年前年后的旺季,一场演出价钱都能涨到四五千元,但有红白喜事的人家还是照请不误。相比较而言,从城市到乡村,代表社会主旋律、核心价值观的高雅文化艺术资源却相对稀缺,无法满足广大人民群众的精神文化需求。

(五)共享生态文明任重道远

近些年,随着广大民众的环境保护意识越来越强,环境保护问题也引起了政府的高度重视,将环境保护确立为一项基本国策,把可持续发展作为一项重大战略,提出了建设"资源节约型社会"与"环境友好型社会"的绿色发展理念,完善了环境保护法等法律体系,采取一系列措施加强环境保护,使生态环境得到一定程度改善。但由于安徽地处中部,是农业大省,人口密度大,人均占有资源匮乏,加上正处于全面建成小康社会的工业化和城镇化的快速发展阶段,对资源具有较高的需求,使得安徽共享生态文明建设成果面临着诸多挑战。

第一,环境污染严重,危及民众身体健康,甚至生命安全。例如2015年安徽发生水污染事件5起,大气污染事件2起,其他类型污染(土壤污染)事件1起。发生的大型环境污染事件分别有:3月24日,安徽理士电源技术有限公司仓库失火次生环境污染事件;4月16日,安徽海容电源动力有限公司化成工序厂房失火次生环境污染事件;8月20日,合肥威尔邦科技有限公司仓库火灾次生环境污染事件;10月25日,淮北市濉溪县百善S202线与泗永路交叉口交通事故造成甲基叔丁基醚泄漏次生环境污染事件。2017年前

3 个季度,安徽省发生突发环境事件 4 起,比 2016 年同期增加 2 起,环境安全形势总体平稳,分别为:2 月 8 日,铜陵恒兴化工有限责任公司高沸点溶剂罐燃爆事故次生环境污染事件;5 月 11 日,宿州市萧县安徽人立环保科技有限公司危废仓库火灾次生环境污染事件;7 月 8 日,G50 高速宣城段罐车危化品(丙烯酸甲酯)泄漏次生环境污染事件;7 月 27 日,103 省道铜陵市枞阳县陈瑶湖镇普济村甲缩醛罐车泄露次生环境污染事件。据了解,由生产安全事故和交通事故各引发 2 起;其中,3 起属于水污染事件,1 起属于大气污染事件。①

第二,环境破坏纠纷,引发社会冲突。随着人民群众对环境问题关注度的进一步提高,以及政府在处理一些环境问题上的不力导致的社会群体性事件时有发生,影响了社会的和谐稳定。据中安在线报道,2009 年,浙江人邢某某以营利为目的,在没有取得"危险废物经营许可证"的情况下,于 2009 年11 月与浙江省普洛得邦制药公司签订协议,将制药厂的制药残渣、废水以每吨 300 元的价格自己处理。邢某某几经转手,将 8 车(100 多吨)制药残渣、废水卸在安徽省利辛县杨庄、辛桥等处,并将其中约 70 多吨制药残渣、废水倾倒在利辛县 S202 省道西侧的汝集镇胜利村杨庄和汝集镇郑寨村西后王园庄北路边的河沟里,造成重大环境污染事故。为处理该事故的废渣、废液,利辛县花费了近 100 万元。该"危废"倾倒污染事件给当地人民群众身心健康造成了极大伤害,给政府造成了巨额财产损失。

第三,生态退化形势依然严峻。安徽省是矿产资源大省,矿产储量大,矿种多。长期以来,社会经济快速发展导致矿产资源的开发利用日益增长,安徽省矿区生态环境问题十分突出,已成为区域经济可持续发展的制约因素。

---

① 《2017 年 1—3 季度安徽突发环境事件 4 起 其中 3 起属于水污染》,凤凰网安徽综合,网址:http://ah.ifeng.com/a/20171018/6076318_0.shtml。

第五章 增进福祉惠民生：共享是安徽科学发展的目的要求

2002 年安徽省环境保护局的生态环境调查报告显示"安徽省主要矿区由于开采矿产造成地面塌陷的范围不断扩大。地面塌陷包括岩溶地面塌陷和采矿地面塌陷：矿区疏干排水而引起的岩溶塌陷，主要分布于铜陵、淮南、安庆等地，目前共发生 21 处，塌陷坑 511 个，直接经济损失 1.7 亿元；矿山开采而引起的采空塌陷，主要分布于两淮煤矿，共有 69 处，塌陷面积近 200 平方千米，约占全省采空塌陷面积的 98%。""地面的塌陷不仅破坏了城镇和乡村建筑物、交通和水利工程设施等，而且改变了土地条件及其资源价值，使得大面积的土地丧失各种利用的适宜性。"[1]"矿区的塌陷给当地农林业造成了重大经济损失，破坏了林草绿地环境，降低了植被覆盖率，改变了区域的水系格局，在一定程度上干扰了水循环。因此，矿区的生态系统在人为干预下发生着剧烈变化。"[2]

（六）基本公共服务欠账较多

安徽省是农业大省、发展中省份，贫困程度较重，由于自然、历史、地理等多重因素影响，安徽省教育、医疗卫生、就业和社会保障等欠账较多，基本公共服务供给总体不足，优质公共资源配置不均衡。虽然近几年安徽省"三农"工作取得了重大成就，但与城市相比，农村发展滞后，农民生活还不宽裕，生产生活条件亟待改善。

安徽省统计局发布的"十二五"以来全省乡镇经济社会发展情况指出，基于乡镇管理体制和投融资体制的局限，乡镇基础设施建设滞后，普遍存在公共基础设施不完善，功能差的问题。在垃圾与污水处理方面更显不足，2014年，全省仍有 40% 的村垃圾没有进行集中处理，高达 87.7% 的村污水未进行

---

[1] 陆爱民、王本敏：《淮北张庄煤矿采煤塌陷区综合治理模式分析》，《矿山测量》，2004 年第 2 期。

[2] 王晓辉、谢贤政、潘成荣：《安徽矿区生态破坏现状及生态恢复与建设》，《环境与可持续发展》，2006 年第 6 期。

集中处理。

第三节　公平参与和谐共建，
推进安徽全面建成小康社会

习近平总书记在党的十八届五中全会指出："坚持发展为了人民、发展依靠人民、发展成果由人民共享，作出更有效的制度安排，使全体人民在共建发展中有更多获得感，增强发展动力，增进人民团结，朝着共同富裕方向稳步前进。"①发展成果由人民共享，实现人民的共同富裕，这是中国特色社会主义建设和发展的本质要求。这一本质要求在安徽的具体表现就是要在2020年使6928.5万安徽人民生活达到小康水平，全面建成小康社会。

一、小康社会的科学内涵

"小康"一词最早出现于《大雅·民劳》："民亦劳止，汔可小康，惠此中国，以绥四方。"意思是说终年辛勤劳苦的百姓，生活也该富足安康了；如果全天下百姓都能得到这样的恩惠，天下也就和睦安定了。"小康"作为一种社会模式，最早在西汉《礼记·礼运》中得到系统阐述，并将其与"大同"并列为两种不同的社会状态或社会理想。古人的这种社会理想虽然从奴隶制社会到封建社会几千年漫长的发展历程中从未得到过实现，但"小康"思想却在勤劳善良的中国百姓都思想中产生了深远影响，成为中华民族千百年来对丰衣足食、安居乐业、和谐社会、幸福生活的共同追求和朴素向往。

这一社会理想随着中华人民共和国的建立和中国现代化建设进程步伐

---

① 《习近平谈"十三五"五大发展理念之五：共享发展篇》，网址：http://cpc.people.com.cn/xuexi/n/2015/1114/c385474-27814876.html。

的加快，以及国家现代化治理能力和治理水平的提高，"小康社会"这一千百年来人民的美好夙愿就具备实现的充分条件了。党的十一届三中全会以后，邓小平立足于中国国情，放眼世界发展大势，提出了"小康社会"这一具有中国特色社会主义的新概念，并成为中国现代化进程中的具体战略蓝图。20世纪70年代末，邓小平用"小康"来概括现代化建设的第二步发展目标。1984年，邓小平进一步说："所谓小康，从国民生产总值来说，就是年人均达到八百美元。"[①] 1987年10月，党的十三大正式将实现小康列为"三步走"发展战略的第二步目标。1990年12月，党的十三届七中全会审议并通过的《中共中央关于制定国民经济和社会发展十年规划和"八五"计划的建议》中指出："所谓小康水平，是指在温饱的基础上，生活质量进一步提高，达到丰衣足食……"2000年10月，党的十五届五中全会提出："从新世纪开始，我国进入了全面建设小康社会，加快推进社会主义现代化的新的发展阶段。"2002年，党的十六大报告指出："我们要在本世纪头20年，集中力量，全面建设惠及十几亿人口的更高水平的小康社会，使经济更加发展、民主更加健全、科教更加进步、文化更加繁荣、社会更加和谐、人民生活更加殷实。""小康"的内涵在中国现代化进程中不断得到深化。

"小康"的实现程度及未来发展趋势已经成为反映我们国家历史进步的一把标尺，成为衡量经济、政治、文化、社会、生态发展水平的客观标准。随着中国特色社会主义建设事业的深

图5-4　全面建成高水平的小康社会

---

① 《邓小平文选》（第三卷），人民出版社，1993年，第64页。

入,其内涵和意义不断得到丰富和发展。党的十七大报告指出:"社会建设与人民幸福安康息息相关。"

2014年12月习近平在江苏调研时第一次明确提出"全面建成小康社会"战略任务。党的十八大将"建设"改成"建成",进一步提出了到2020年"全面建成小康社会"的任务。《中共中央关于制定国民经济和社会发展第十三个五年规划的建议》强调,"按照人人参与、人人尽力、人人享有的要求,坚守底线、突出重点、完善制度、引导预期,注重机会公平,保障基本民生,实现全体人民共同迈入全面小康社会。""全面建成小康社会,核心就在'全面',我们追求的是多领域协同发展、不分地域、不让一个人掉队、不断发展的全面小康。"习近平指出,"我们不能一边宣布全面建成了小康社会,另一边还有几千万人口的生活水平在扶贫标准线以下,这既影响人民群众对全面建成小康社会的满意度,也影响国际社会对我国全面建成小康社会的认可度。"①从内容上看,全面建成小康社会是经济、政治、文化、社会、生态文明建设五位一体的全面小康,是不可分割的整体。从区域来看,到2020年全面建成小康社会意味着全国各个地区都要迈入小康社会,而不是一部分地区进入小康社会,其他地区还处在贫困状态。从发展的角度看,小康社会是从温饱向富裕过渡的阶段,其标准是动态的而不是静态的,是不断发展的而不是固定不变的,但也不是无限提高的。随着生产力发展和社会不断进步,小康社会的标准也在不断调整。②结合现阶段国家经济社会发展具体目标来讲,就是人民的吃穿用问题解决了,基本生活有了保障;住房问题解决了,做到住有所居;就业问题解决了,城镇基本上没有待业劳动者了;农村人口不再

---

① 习近平:《中共中央关于制定国民经济和社会发展第十三个五年规划的建议的说明》,《人民日报》,2015年11月4日。

② 中央党校中国特色社会主义理论体系研究中心:《正确理解如期全面建成小康社会》,《求是》,2015第9期。

外流了,农村的人总想往城市跑的情况已经改变,美丽乡村建设有进展;教育资源短缺、公平问题基本解决,中小学教育普及了,教育、文化、体育和其他公共福利事业有能力自己安排了;人们的精神面貌变化了,犯罪行为大大减少;看病就医基本得到保障,医保能做到全覆盖,老百姓生得起病、看得起医。总体来讲,"小康社会"就是一个在党的正确领导和全国人民共同参与、共同建设下,以公有制经济为主体、共同富裕为目标,经济、政治、文化、社会、生态全面发展的中国特色社会主义社会,人民生活更加幸福和谐。

二、建成小康社会的举措

全面建成小康社会,是中国共产党立足于社会历史发展趋势和当代中国现实国情所做出的科学判断与战略部署,是中华民族实现伟大复兴中国梦的关键一步,是落实"四个全面"战略的最重要环节,对"全面深化改革、全面依法治国、全面从严治党"起着引领作用。因此要顺利、如期实现这一目标,必须强化五个方面的建设。

（一）加强党的领导,强化党的建设

中国共产党是中国特色社会主义事业的领导核心和根本保证。党的事业的兴衰成败关系到中国特色社会主义事业的兴衰成败,关系到人民幸福生活的福祉,是事关国家利益的大事。中国共产党必须站在战略的高度努力加强党的自身建设、全面从严治党、推进党风廉政建设和反腐败斗争。党的十八大以来,安徽严厉反腐,苍蝇、老虎一起打,把权力关进制度的笼子;积极贯彻落实中央八项规定,开展反"四风","两学一做"学习教育等活动,充分体现了党和政府在安徽落实全面从严治党,强化党的建设上的决心,赢得了安徽广大人民群众的拥护和支持,强化了安徽百姓对党和政府的信心和信赖。安徽省第十二届人民代表大会第六次会议审查通过了省人民政府提出的《安徽省国民经济和社会发展第十三个五年规划纲要(草案)》。《纲要》是未来5年安徽省经济和社会发展的纲领性文件,符合安徽省实际,体现了全省人民的共同意愿。未来5年,全省人民将紧密团结在以习近平同志为核心的党中央周围,在中共安徽省委的坚强领导下,按照"五位一体"总体布局和"四个全面"战略布局,贯彻创新、协调、绿色、开放、共享的发展理念,解放思想,深化改革,开拓创新,奋发作为,圆满完成"十三五"规划确定的各项目标任务,确保如期全面建成小康社会,奋力开创美好安徽建设新局面。

(二)深化制度改革,完善制度体系

共享发展要"作出更有效的制度安排",制度的完善和发展是全面建成小康社会的根本保障。要改革、完善旧有的制度,建立新的、有效的制度体系,尤其是民生领域的相关制度,从制度上为人民群众共享发展成果、共建小康社会提供重要制度保障。例如城乡居民医保制度、最低生活保障制度、城乡户籍改革制度、住房保障制度、生态环保制度等一系列相关制度。系统完备、科学规范、运行有效的制度体系是全面建成小康社会制度成熟定型的基本要求。例如自国家启动医疗领域改革以来,安徽各地积极行动,加快医疗领域改革的制度建设步伐。据人民网记者王燕报道,马鞍山市启动"官办分开、资源整合"城市公立医院改革试点以来,逐步破解"看病难、看病贵"的痼疾,突破"以药养医"的利益固化藩篱,并正在"深水区"逐浪前行。马鞍山市在深化医药卫生体制改革中,不断完善全民医保体系,建立了覆盖城乡居民的全民医疗保障体系,马钢医保与市本级医保实现并轨运行,基本医保参合率稳定在100%,居民医保和新农合年人均筹资标准达480元;全面建立大病保险制度、疾病应急救助制度、医疗救助制度,不断推进基本公共卫生服务均等化项目,全面实施国家11类43项基本公共卫生服务均等化项目,在全省率先新增实施孕产妇产前筛查技术、城市适龄妇女"两癌"普查技术、

178

城乡居民公共急救搬运和培训、城乡居民生活饮用水水质安全监测等 4 项市级新增基本公共卫生服务项目，年人均基本公共卫生服务项目经费标准达到45 元；不断鼓励社会资本办医，除制定鼓励社会资本办医实施方案外，市财政还设立鼓励社会资本办医发展基金，每年 100 万元，以逐步落实社会办医优惠政策。目前马鞍山市已基本形成了公立医院、股份制医院、民营医院并存的多元办医格局，社会办医疗机构卫生专业技术人员占全市 34.5%、床位占全市 33.4%。

（三）注重创新驱动，引领新型发展

"创新是一个民族进步的灵魂，是一个国家兴旺发达的不竭动力。"①只有不断进行理论、制度、科技、文化等方面的创新，才能推动国家和社会与时俱进的发展新潮流，才能推动生产力的发展，才能创造巨大的物质与精神财富，才能为小康社会的建成奠定雄厚的物质与精神基础。在 2014 年夏季达沃斯论坛开幕式上，李克强总理在致辞时指出："只要大力破除对个体和企业创新的种种束缚，形成'人人创新''万众创新'的新局面，中国发展就能再上新水平。"2015 年两会时，李克强总理再次提到要"把亿万人民的聪明才智调动起来，就一定能够迎来万众创新的新浪潮"。由此，"大众创业，万众创新"的新浪潮开始引发公众关注，成为新常态下经济创新发展的新引擎。2016 年4 月 26 日上午，习近平在中国科技大学先进技术研究院观看了高新技术企业科技成果集中展示。在智能语音、智能机器人、装备制造业、新材料、生物医药、智慧新能源等展区，总书记同科研单位和企业人员亲切交流，询问科研进展、成果转化、应用前景等。尤其是总书记在京沪干线运管中心听取了潘建伟院士对量子通信的介绍后，对量子通信研发工作给予肯定，并提出"创

---

① 《江泽民文选》（第一卷），人民出版社，2006 年，第 432 页。

新"居于五大新发展理念之首,我国经济发展进入新常态,我国的经济体量到了现在这个块头,科技创新完全依赖国外是不可持续的,必须用新动能推动新发展,要依靠创新,不断增加创新含量,把我国的产业提升到中高端,毫不动摇地坚持开放战略,在开放中推进自主创新。

(四)坚持协调发展,注重统筹兼顾

习近平在阐明共享发展时有针对性地指出:"我国经济发展的'蛋糕'不断做大,但分配不公问题比较突出,收入差距、城乡区域公共服务水平差距较大","绝不能出现'富者累巨万,而贫者食糟糠'的现象。"①安徽过去几十年的发展取得了极大的成就,人民群众也得到了看得见的实惠,生活水平也得到了明显的改善,但同时在发展过程中存在的问题也在新阶段集中暴露出来了,突出的矛盾主要是区域发展不平衡突出,安徽东西部、南北部地区间的经济增长和百姓生活水平差距扩大;由于传统城乡二元结构的矛盾和城乡产业特性,以及计划经济时代遗留下来的户籍壁垒等问题导致城乡发展不平衡问题异常突出,尤其是老、少、边、穷农村地区人口的脱贫问题需要加以解决,打好扶贫攻坚战。因此,我们要认真按照习近平强调的区域城乡"要统筹兼顾、协调发展、协调联动",真正做到小康道路上不能让一个人掉队。正如习近平说的"小康不小康,关键看老乡"。安徽要实现全面建成小康社会,关键是要解决农村贫困人口的脱贫问题。安徽省扶贫办负责人指出:"安徽省到2020年,要实现现行标准下农村贫困人口实现脱贫,贫困村出列,贫困县全部摘帽,解决区域性整体贫困。2016年是打赢脱贫攻坚战的开局之年,我们4条年度目标任务。除了形成氛围、完善体制外,我们还要实施十大工程,让政策措施全面落实到村到户到人。我们要实现1057个贫困村出列,96万贫困人

---

① 《习近平总书记在党的十八届五中全会第二次全体会议上的讲话(节选)》,《求是》,2016年第1期。

口脱贫。"①迈过了这道坎,才能说是真正意义上发展成果由人民群众共享。根据 2019 年 1 月份安徽省政府工作报告数据显示,2019 年,预计 18 个贫困县摘帽、725 个贫困村出列、72.6 万贫困人口脱贫的年度目标如期实现,贫困发生率由上年的 2.22% 降至 0.93%。

(五)树立绿色理念,转变发展方式

胡锦涛在党的十八大报告中提出要大力推进生态文明建设。习近平在党的十八届五中全会将"绿色发展"列入"五大发展理念",展示出党对生态环境问题的高度重视。我们要从以下三个方面搞好生态文明建设:一是要树立绿色发展理念。通过各种途径加大宣传力度,使绿色发展观念深入人心,强化公民环保意识,在全社会形成珍爱环境、保护生态、节约资源的共识,使生态文明、绿色发展观念成为 14 亿人共同的价值观念和自觉行动。二是要转变经济发展方式。经济发展要走资源节约型、环境友好型和可持续发展道路,树立"既要金山银山,也要绿水青山",让百姓记得住"乡愁",走中国特色新型工业化道路,大力发展循环经济,加快经济发展方式转变,达到经济发展和环境保护的双赢。三是要建立严格环境保护制度。实行严格的环境保护、资源保护制度,提高环境保护标准,强化法律执行,实行环境保护一票否决制,杜绝一切环境违法行为,绝不允许"少数人发财、人民群众受害、全社会买单"情况的再出现。为深入贯彻落实《中共中央、国务院关于印发〈生态文明体制改革总体方案〉的通知》要求,加快建立系统完整的生态文明制度体系,增强生态文明体制改革的系统性、整体性、协同性,切实推进创新型生态强省建设,安徽省委省政府制定了《安徽省生态文明体制改革实施方案》。方案的主要目标是到 2020 年,构建起由自然资源资产产权制度、国土空间开发保护制度、

---

① 《安徽省乡村振兴战略规划(2018—2022)》,旌德县人民政府,网址:http://www.ahjd.gov.cn/OpennessContent/show/1640067.html。

新发展理念在安徽的生动实践研究

空间规划体系、资源总量管理和全面节约制度、资源有偿使用和生态补偿制度、环境治理体系、环境治理和生态保护市场体系、生态文明绩效评价考核和责任追究制度等八项制度构成的产权清晰、多元参与、激励约束并重、系统完整的安徽特色生态文明制度体系,以解决生态环境领域的突出问题,切实保障生态安全,着力改善环境质量,提高资源利用效率,推动形成人与自然和谐发展的美好安徽建设新格局。

综上所述,全面建成小康社会是紧紧围绕"四个全面"战略布局,以"五大发展理念"为行动指导,人民民主专政的基础得到夯实,人民民主范围不断扩大,社会主义法治政府、法治社会得以建立;经济发展方式的转变取得重大进展,国家经济持续健康发展,发展的平衡性、协调性、可持续性明显增强;文化软实力显著增强,社会主义核心价值观深入人心,文化"走出去"和"引进来"战略稳步提升,社会主义文化强国建设基础更加厚实;人民生活水平全面提高,公共服务资源配置更加均衡,人民受教育程度进一步提高,就业更加充分,收入分配差距显著缩小,社会保障体系更加完善;资源节约型、环境友好型社会建设取得重大进展。我们坚信在党的领导下和全体安徽人民的共同努力下,安徽实现全面建成小康社会、人民共享发展成果的愿望一定能够实现。

结　语

　　全面建成小康社会是党提出的实现国家富强、民族振兴、人民幸福的第一个百年奋斗目标。实现百年奋斗目标发展是硬道理，发展是我们要牢牢抓好的第一要务。不同历史阶段的发展所面临的形势和问题会有所不同，新的社会实践一定会提出新的理念和新的要求。"十三五"时期是全面建成小康社会的决胜时期，纵观国内国际这一时期我们的发展环境已经发生了重大的变化，持续高速发展的阶段已经结束，经济社会的发展明显呈现出一种新的常态。新变化、新常态要求我们必须回答"我们要实现什么样的发展、如何实现发展"等重大的现实理论问题，同时，新变化、新常态要求我们要有新作为、新举措，新作为、新举措就要有新思维、新理念。

　　党的十八届五中全会提出"创新、协调、绿色、开放、共享"五大发展理念，正是基于一种新的发展态势和要求，适应我国发展速度变化、结构优化、动力转换的新特点，顺应推动经济保持高速增长、产业迈向中高端水平的新要求，指明破解发展难题的新路径，科学地回答了我们发展中所面临的时代新课题。五大发展理念就是我们当前破解难题，推进深化改革发展的锐利的思想武器。因此，把握好、发挥好五大发展理念的引领作用，就能更好地推动

新发展理念在安徽的生动实践研究

发展方式的转变,提高发展的质量和效益,打好脱贫攻坚战役,实现如期全面建成小康社会的奋斗目标。

创新、协调、绿色、开放、共享五大发展理念的提出,标志着党对经济社会发展规律的认识达到了又一新的高度,它源于当代中国的伟大实践,是对实践的高度概括和总结,它是我们党关于发展理论的丰富和完善,是中国特色社会主义理论体系的重要组成部分,是我们当前和今后必须坚持贯彻的科学发展理论。有了它我们的方向会更加明晰,我们的发展步伐会更加坚定有力。

实现全面小康社会强调的是全方位、全领域、全区间,离开了一省一县一村镇的建设,就不是全面小康社会的实现。安徽要完成十三五规划的"1+7"奋斗目标,即确保全面建成小康社会这个总目标,实现产业结构优化、质量效益提升、经济总量扩大、人均指标前移、文明程度提高、生态环境改善、制度体系健全7个分目标,一刻也离不开贯彻创新、协调、绿色、开放、共享的发展新理念。

党的十八大以来,安徽在经济社会发展的进程中取得了显著的成绩。安徽以推进供给侧结构性改革为主线,启动实施五大发展行动计划,攻坚克难,开拓奋进,保持了经济平稳健康较快发展和社会的和谐稳定。2018年全年国内生产总值(GDP)30006.8亿元,比2017年增长8.02%。人均国内生产总值47712元,折合7210美元,比上年增加4311元。[①]第一、二、三产业联动发展,对外贸易增幅明显,科技创新不断进步,生态环境不断改善,民生社保有序推进,整个社会呈现良性发展状态。这些成就的取得得益于对五大发展理念的认真贯彻和坚定遵循。

---

① 《安徽省2018年国民经济和社会发展统计公报》,《安徽日报》,2019年2月28日。

马克思曾经说过，理论只有掌握群众，才能变成物质力量。五大发展理念作为新时代的科学发展理论，必然具有新的时代内涵，这些新的概念、新的提法、新的寓意并不是人人立即都能理解和掌握，这就需要我们的理论宣传工作者去阐释说明，去普及教育，不是用高深的学究方式，而是用大众化的语言，通俗的说法和接地气的表达方式，让一般群众都能理解和知晓，才能真正掌握群众，指导实践变成物质力量。

创新是引领时代发展的第一动力，努力推动创新发展在全社会蔚然成风；协调发展促进我国经济社会行稳致远，必须将协调发展贯穿于发展的方方面面；绿色发展是探寻自然规律的体现，坚持绿色发展就是美丽中国的永续呈现；开放发展是内外联动合作共赢的发展，坚持开放发展就是提质升级、沟通东西、造福世界的发展；共享发展是福祉民众国运昌盛的发展，坚持共享发展就是人人参与、人人尽力、人人享有的大同社会的发展。

五大发展理念，创新是关键，协调是要求，绿色是条件，开放是必然，共享是目的。创新、协调、绿色、开放、共享环环相扣，紧密相连，自成一体。阐释五大发展理念的基本内涵，目的在于使全社会形成创新发展的基本思路，通过普及教育，让基层老百姓耳濡目染，知晓并掌握，真正提升民众的社科素养，自觉指导民众的创新思维，形成大众创业、万众创新的局面，实现共建美丽安徽，共享和谐社会的理想目标。

本书自开展研究以来，全体成员以严谨科学的态度，走访了大江南北淮河两岸的城镇和乡村，为本书的完成积累了大量的第一手资料，在概括提炼的基础上形成理论成果。在构思写作上自觉运用了大众化的语言，接地气的表达方式，力图将科学严谨的概念口语化，让内涵丰富的理论大众化，运用"加速崛起奔小康""城乡协同展辉煌""大江南北美如画""皖江畅通达四海""增进福祉惠民生"等如诗如画的语言词句阐释五大发展理念的基本内涵，使科学的理论变得通俗易懂,便于群众的理解和掌握。当然,这也就是本书研究的出发点和归宿点。

附录一：
国内学界关于"五大发展理念"的研究述评①

党的十八届五中全会通过的《中共中央关于制定国民经济和社会发展第十三个五年规划的建议》提出了"创新、协调、绿色、开放、共享"的发展新理念，很快成为大江南北热议的话题。同时学界也给予了热情关注，进行了一定研究，取得了相应的研究成果。在这样的背景下，梳理国内学界关于"五大发展理念"的研究成果，不仅有助于推进五大发展理念的深入研究，而且有助于"五大发展理念"尽快深入人心，成为引领我国经济社会发展的思想理论指南。

一、"五大发展理念"的形成背景

任何新理论都不可能凭空产生，其形成都有一定的背景，作为党的创新理论成果的"五大发展理念"也不例外。它的形成有一定的历史基础、现实基础和理论基础。学界对此进行了探讨，观点大体一致，只不过分析视角略有

---

① 该文发表于《社会主义研究》，2016 年第 3 期。部分内容有删改。

新发展理念在安徽的生动实践研究

不同。有的从"五大发展理念"的整体进行探讨,有的则从某一个方面进行分析。

(一)从整体上对"五大发展理念"的形成进行探讨

辛鸣认为五大发展理念是党总结新中国成立以来中国七十余年及世界数百年的发展经验,遵循经济社会发展基本规律,从发展方位的战略判断、发展理念的战略创新、发展路径的战略支撑,发展挑战的战略跨越等方面对当代中国发展战略进行的科学构建,实现了马克思主义发展观的时代创新。[1]

施芝鸿认为五大发展理念是在全面建成小康社会决胜阶段为解决我国发展中的突出矛盾和问题应运而生的,集中反映了我们党对我国经济社会发展规律认识的深化。同引领我国经济发展新常态相适应,同实现"十三五"时期全面建成小康社会新的目标要求相契合,同人民群众热切期盼在发展中有更多获得感的新期待相呼应,是对我国改革开放以来发展经验的深刻总结,也是对我国发展理论的又一次重大创新。是我们党的几代中央领导集体在21世纪以来接力推进全面建设小康社会进程中逐步酝酿、到五中全会正式形成的。[2]

成龙认为五大发展理念是对当下中国诸多矛盾和风险隐患的解析回答,对中国特色社会主义发展经验的概括提升,对世界现代化发展规律的参考借鉴。[3]任理轩认为五大发展理念是深刻总结国内外发展经验教训、深刻

①　辛鸣:《论当代中国发展战略的构建》,《中国特色社会主义研究》,2016年第1期。

②　施芝鸿:《既有深刻的历史背景,又有思想亮点、思想红线和鲜明的逻辑——引领中国发展全局的五大发展理念》,《理论导报》,2015年第11期。

③　成龙:《"五大发展理念"精神实质探析》,《科学社会主义》,2016年第1期。

分析国内外发展大势的思想结晶。[1]

以上不难发现，学界从整体上对五大发展理念的形成进行了探讨，认为五大发展理念是在深刻总结国内外发展经验教训、分析国内外发展趋势的基础上形成的，是针对我国发展中的突出矛盾和问题提出来的。

(二)从某一方面对"五大发展理念"的形成进行分析

党的十八届五中全会后，为宣传贯彻五大发展理念，《人民日报》陆续发表了六篇署名"任理轩"的解读文章。其中有五篇分别对每一个发展理念进行了深入解读，都涉及对相关发展理念形成背景的分析。比如在解读创新发展理念这篇文章(坚持创新发展——"五大发展理念"解读之一)中就把创新发展放到整个世界这个大背景下来审视，指出创新是世界主题、世界潮流、世界趋势，认为只有把创新发展放在我国发展全局的核心位置，才能适应和引领时代发展大势。在解读协调发展理念这篇文章(坚持协调发展——"五大发展理念"解读之二)时则指出，协调发展理念，是认识把握协调发展规律提出来的，是总结中外经济社会发展经验教训提出来的，是正视我国发展存在的不平衡问题提出来的，目的在于促进我国经济社会行稳致远。吴小妮、王炳林认为，协调发展是时代的迫切要求，具体表现为是全面建成小康社会的内在要求、是适应经济发展新常态的必然选择、来自于历史经验和教训的深刻启示。[2]刘武根、艾四林探讨了共享发展理念的理论来源和实践基础。认为马克思主义唯物史观是其理论源泉，中国改革开放的创新实践、其他社会主义国家兴衰、发展中国家谋求发展的得失经验是其实践基础。[3]

同时，还有学者从科学发展观、"两个来自于"、发展战略等方面进行了分

---

[1] 任理轩：《关系我国发展全局的一场深刻变革——深入学习贯彻近平同志关于"五大发展理念"的重要论述》，《人民日报》，2015 年 11 月 4 日。

[2] 吴小妮、王炳林：《协调是持续健康发展的内在要求》，《思想理论教育导刊》，2016 年第 1 期。

[3] 刘武根、艾四林：《论共享发展理念》，《思想理论教育导刊》，2016 年第 1 期。

析。"五大发展理念"是对科学发展观的进一步深化和拓展。何毅亭认为"五大发展理念"坚定不移地坚持了科学发展观。无论是强调坚持以经济建设为中心还是重申发展是第一要务,无论是突出问题导向还是着力体制机制,五大发展理念与科学发展观从价值指向、立场情怀到思维模式、策略选择等各个方面都是高度一致、一以贯之、一脉相承的。①张铁认为五大发展理念正是这"两个来自于"(来自于全面深化改革、建立开放型经济新体制的决心和行动,来自于中国经济强劲内生动力和中国政府坚强有力的政策引导)的集中体现,体现了中国的发展思路,彰显着中国的发展信心。②严书翰从中国共产党成立以来发展战略演进角度来探讨五大发展理念的来源,认为习近平重要讲话精神中治国理政的新理念、新思想、新战略,与中国共产党对发展理念的认识既一脉相承,又有重大创新,习近平发展思想中对"五大发展理念、新常态和"四个全面"战略布局的深刻论述,都是对中国共产党发展理念的重大创新。③

此外,还有学者探讨了"五大发展理念"形成的历史阶段。李君如认为"五大发展理念"是全党从十一届三中全会以来坚持不懈探索的结果,其形成经历了4个阶段:主题转化、重心转移,体制变革、促进发展,发展再认识,新常态新发展等。④

① 何毅亭:《马克思主义发展观的中国实践与中国创新》,《当代广西》,2015年第24期。
② 张铁:《以"五大发展理念"引领新的变革》,《理论导报》,2015年第12期。
③ 严书翰:《中国共产党发展理念的演进与创新——兼论习近平发展思想的科学内涵》,《人民论坛·学术前沿》,2016年3期。
④ 李君如:《马克思主义中国化政治经济学的最新成果——学习十八届五中全会精神》,《中共天津市委党校学报》,2016年第1期。

二、"五大发展理念"的内涵与特征

"五大发展理念"有着丰富的内涵和鲜明的特征,学界从不同视角和方面对其内涵和特征作了研究和探讨。

(一)"五大发展理念"的内涵

当前学界对新发展理念内涵的考察,主要从新常态、发展理念、多维视角、问题视角等角度来展开的。

1.新常态视角

程恩富认为要在新常态的背景下进行分析才能准确把握"五大发展理念"的内涵和关键节点。在他看来,创新就是要在比较优势和竞争优势之外,发展出自主知识产权优势;协调的关键是理顺各领域各方面发展关系,而不是仅关注 GDP;绿色就是要建设生态制度体系,避免和消除妨害生态安全的各种隐患;开放则应借鉴德、日等国的经验,坚持有序开放、双向开放;共享首先要解决贫富分化问题。[①]

2.发展理念视角

郝潞霞认为五大发展理念的提出在我们党的历史上还是第一次,是发展理念的新概括,是对中国特色社会主义发展理论的重大创新。既突出强调了创新发展和开放发展的地位和作用,又丰富完善了协调发展、绿色发展、共享发展的内涵。[②]

3.多维视角

有学者从思维的层次性、新阶段和新常态、目标导向和问题导向、社会主义政治经济学基本原则、发展新理论等五个维度进行考察,认为五大发展

① 程恩富:《论新常态下的五大发展理念》,《南京财经大学学报》,2016 年第 1 期。
② 郝潞霞:《习近平对中国特色社会主义发展理论的新发展》,《科学社会主义》,2016 年第 1 期。

新发展理念在安徽的生动实践研究

理念是以习近平同志为核心的党中央治国理政的新理念,是适应新阶段、应对新挑战、引领新常态的发展新理念,体现了中国特色社会主义政治经济学的基本原则,将有力引领和推动新的发展实践和理论创新。[①]

4.问题视角

陈金龙认为党的十八届五中全会提出的创新、协调、绿色、开放、共享发展理念,各有其独特的内涵,分别聚焦发展动力问题、发展不平衡问题、人与自然关系和谐问题、发展内外联动问题、社会公平正义问题。[②]

学术界对"五大发展理念"内涵的讨论,对理解"五大发展理念"、廓清对"五大发展理念"的错误认知,推进"五大发展理念"的研究,都起到了基础性的作用。然而,当前学术界对"五大发展理念的内涵"考察处于起始阶段,在一定程度上存在着雷同、照本宣科的问题。照本宣科式的解读虽然对人们了解和感知"五大发展理念"具有较好的宣传意义,但是对"五大发展理念"精神的深入人心是远远不够的。应当丰富对"五大发展理念"内涵的阐释方式。在这方面已经有专家作了努力。例如辛鸣、施芝鸿、程恩富等知名学者,有的深入浅出地阐释,有的从现实问题出发解读,有的从学界对五大发展理念的争论中明晰五大发展理念的内涵。

(二)"五大发展理念"的特征

"五大发展理念"具有强烈的问题意识、很强的实践性、鲜明的继承性和创新性等特征。当前学界主要提出以下四种观点。

1.问题导向性

这种观点认为五大发展理念的最重要特征是它具有鲜明的问题意识,是为了适应当前我国发展面临的各种问题而提出来的,"五大发展理念"体

---

① 尹汉宁:《以多维视角认识把握五大发展理念》,《人民日报》,2016 年 1 月 12 日。

② 陈金龙:《五大发展理念的多维审视》,《思想理论教育》,2016 年第 1 期。

现了生产力与生产关系统一、发展目的与发展手段统一、自然环境与人类社会统一、当前利益与长远利益统一、发展速度与发展动力统一。①

2.创新性

一是理论创新性。这种观点主要侧重于五大发展理念对某一方面理论的创新来谈的。李君如认为，五大发展理念的新可以从多种角度来理解，但是最大的贡献在于"在政治经济学上推进了马克思主义中国化，是马克思主义中国化政治经济学的最新成果"②。张建认为"五大发展理念"是我们党对经济社会发展规律认识的深化，是对我国经济社会发展经验总结的集中体现，具有全局性、战略性、系统性、引领性的特征。③它固然具有重要的实践意义，但更深刻的意义在于理论的新突破。它表明党的理论创新从战略层面、思想层面跃进到理念层面，具有更为重要的根本性的意义。"④

二是双重创新性。这种观点认为"五大发展理念"是理论和实践，或者理论和规律的双重创新。唐任伍认为五大发展理念之所以"新"，是因为它具有鲜明的问题导向、理论和实践的新突破、具有战略性、纲领性、引领性。⑤颜晓峰认为"五大发展理念"特征主要表现在发展理念的新突破和发展规律的新认识上。发展理念新突破方面，既有理论上的突破，又有实践上的突破。在发展规律方面的新认识表现在五大发展理念坚持四个原则的统一，即坚持目标导向和问题导向的统一、坚持立足国内和全球视野相统筹，坚持全面规划和

① 谷亚光、谷牧青：《论"五大发展理念"的思想创新、理论内涵与贯彻重点》，《经济问题》，2016年第3期。

② 李萌：《马克思主义中国化政治经济学的最新成果——中央党校原副校长李君如谈五大发展理念》，《理论视野》，2015年第11期。

③ 张建：《"五大发展理念"：全面建成小康社会的科学指南》，《理论导刊》，2016年第2期。

④ 张峰：《从战略布局到发展理念——理论创新深化的逻辑必然》，《湖南省社会主义学院学报》，2015年第6期。

⑤ 唐任伍：《五大发展理念塑造未来中国》，《红旗文稿》，2016年第1期。

突出重点相协调,坚持战略性和操作性相结合。[①]

3.继承发展性

这种观点认为"五大发展理念"最大的特征表现在对科学发展观的继承和发展。冯俊认为继承方面表现在历史使命(实现什么样的发展,怎样发展)、第一要务(发展)、核心立场(人民共享)、基本要求(全面协调可持续)和根本方法(统筹兼顾和协调发展)的一致性。发展方面主要体现在把创新放在前所未有的重要的位置(引领发展的第一动力);突出开放发展(将开放理念单独列出);强调共享发展(与党的十六大"共同建设、公共享有"相比,党的十八届五中全会更强调"民生导向、公平导向");更加注重协调发展(协调范围扩大了——物质和精神文明,经济建设和国防建设融合发展);强化人与自然和谐发展(突出了人与自然和谐共生的理念,更加强调主体功能区,美丽中国)。[②]

4.实践性

五大发展理念立足于中国现阶段的发展实际与实践,致力于破解难题,在众多的发展问题中抓住了主要问题,找准了发展的着力点,具有强烈的实践性。[③]五大发展理念体现着党的思想路线的本质要求,蕴含着解放思想、与时俱进的思想品格;来自于发展经验和教训的深刻启示,蕴含着尊重规律、按规律办事的实践逻辑;是针对我国发展中的突出矛盾和问题提出来的,贯穿着鲜明的问题导向;坚持发展为了人民、发展依靠人民、发展成果由人民共享,彰显着人民至上的价值取向。[①]

---

① 颜晓峰:《中国特色社会主义发展规律的新认识》,《中国特色社会主义研究》,2016 年第 1 期。

② 冯俊:《五大发展理念是对科学发展观的新突破新发展》,《中国浦东干部学院学报》,2016 年第 1 期。

③ 路云辉:《"五大发展理念"的实践性》,《特区实践与理论》,2015 年第 6 期。

此外,有学者认为"五大发展理念"具有整体性和统一性。"五大发展理念"是一个有机的整体,是目标导向与问题导向的结合、立足国内和全球视野的统筹、合规律性与合目的性的统一。②

可见,学界普遍认识到了"五大发展理念"不仅具有发展理念的延续性,而且还具有鲜明的问题导向性、战略性、纲领性、引领性。总体上说,是对新时期发展理论和发展实践的新发展。然而学界对"五大发展理念"特征的描述呈现趋同化现象,这表明对其特征的具体内涵阐释还不够,因此还需要继续予以深入探究。

三、"五大发展理念"的逻辑关系

学界围绕"五大发展理念"的逻辑关系进行了研究,主要对"五大发展理念"自身的逻辑关系以及与之相关的理论之间的关系进行探讨和说明。

(一)"五大发展理念"自身的逻辑关系

目前学界对"五大发展理念"自身逻辑关系的认识比较一致,认为五大发展理念是一个整体,相互依存、相辅相成、相得益彰。

1.有机统一论

这种观点认为"五大发展理念"是有机统一的整体。顾海良认为新发展理念不仅坚持问题导向,而且在"问题倒逼"中形成各发展理念互为一体、协同发力的总体发展理念。③唐任伍认为"五大发展理念"是一个有机统一的整体,是具有内在联系的集合体,构成一个宏大的科学发展框架、严密的科学发

---

① 刘云山:《深入学习贯彻党的十八届五中全会精神牢固树立和自觉践行五大发展理念》,《学习时报》,2015 年 11 月 16 日。

② 陈金龙:《五大发展理念的多维审视》,《思想理论教育》,2016 年第 1 期。

③ 顾海良:《新发展理念与当代中国马克思主义经济学的意蕴》,《中国高校社会科学》,2016 第 1 期。

新发展理念在安徽的生动实践研究

展逻辑、务实的科学发展思路,它们主题主旨相通、目标指向一致,统一于"四个全面"战略布局和"五位一体"总体布局之中,共同构成了一个开辟未来发展前景的顶层设计,构成了一个系统化的逻辑体系。①

2.辩证统一的方法论

任理轩认为"五大发展理念"彰显了党运用唯物辩证法,尊重规律,遵循规律,不断深化对规律的认识把握;直面矛盾,解决矛盾,勇于推进现实矛盾的解决等方面的能力;彰显了党对科学思维(战略思维、创新思维和全球思维)的创造性运用。②施芝鸿认为"五大发展理念"体现了"目标导向和问题导向相统一""立足国内和全球视野相统筹""全面规划和突出重点相协调""战略性和操作性相结合"四大方法论原则。③

总体来看,学界普遍认识到,"五大发展理念"的五个"方面"既体现了辩证统一的科学方法论,又是一个紧密联系的有机统一体。既认识到了发展新理念的鲜明问题导向,又认识到了其中蕴含的全面性和重点性、战略性和引领性的有机统一。

(二)"五大发展理念"与相关创新理论的关系

党的十八大以来,新一届党中央领导集体根据中国当前新形势,提出了一系列治国理政新理念、新思想、新战略,涉及"五位一体"总体布局、实现民族复兴的中国梦、"四个全面"战略布局,都在中国特色社会主义理论和实践探索中画上了浓墨重彩的一笔。那么"五大发展理念"与这些理论命题之间是什么关系呢?学界围绕这些问题进行了探讨和思考。集中表现在对"五大发

---

① 唐任伍:《五大发展理念塑造未来中国》,《红旗文稿》,2016 年第 1 期。

② 任理轩:《五大发展理念彰显科学方法论》,《人民日报》,2016 年 1 月 18 日。

③ 施芝鸿:《既有深刻的历史背景,又有思想亮点、思想红线和鲜明的逻辑——引领中国发展全局的五大发展理念》,《理论导报》,2015 年第 11 期。

展理念"与"五位一体"总体布局的关系、"五大发展理念"与"四个全面"战略布局的关系、"五大发展理念"与全面小康决胜阶段的关系等问题的思考。

1．"五大发展理念"与"五位一体"总体布局的关系

"体现"说。有学者认为，这五大理念，是"十三五"乃至更长时期我国发展思路、发展方向、发展着力点的集中体现，体现了"四个全面"战略布局和"五位一体"总体布局，反映了党的十八大以来党中央决策部署，顺应了我国经济发展新常态的内在要求，是改革开放四十多年来我国发展经验的集中体现，反映出我们党对我国发展规律的新认识。[①]

"条件"说。"五大发展理念"体现了"五位一体"总体布局的内在要求：体现了后者的目标要求、原则要求和精髓要义。只有坚持"五大发展理念"，才能实现"五位一体"总体布局，才能实现全面建成小康社会的奋斗目标，才能落实"四个全面"战略布局的目标要求，"五大发展理念"和"四个全面"战略布局相互联系、内在统一，从不同角度为全面推进中国特色社会主义"五位一体"总体布局、实现全面建成小康社会奋斗目标提供了新理念、新思路、新战略。[②]

"关键要素"说。"五大发展理念最终还是要落实到经济建设、政治建设、文化建设、社会建设、生态文明建设和党的建设上来。"[③]"五大发展理念"是对我国过去发展理念的"扬弃"，是对我国经济社会发展规律认识的深化，是实现"五位一体"总体布局下推动经济社会发展的关键驱动因素。两者相互交融于坚持和发展中国特色社会主义的伟大实践，辩证统一于紧紧围绕发

[①] 张峰：《从战略布局到发展理念—理论创新深化的逻辑必然》，《湖南省社会主义学院学报》，2015 年第 6 期。

[②] 黄书进：《习近平治国理政的新理念新思想新战略》，《观察与思考》，2016 年第 2 期。

[③] 薛澜：《五大发展理念对执政能力提出更高要求》，《人民论坛》，2015 年第 34 期。

展是党执政兴国的第一要务。[1]

2."五大发展理念"与"四个全面"战略布局的关系

"内在统一"说。这种观点认为"四个全面"和"五大发展理念"关系是内在统一的,二者是对当代中国社会发展规律和实践逻辑的新阐释,是对中国特色社会主义发展理念的新发展。郝立新认为"四个全面"回答了当代中国发展的战略目标、战略重点和主要矛盾,强调认识和实践的全面性、完整性;"五大发展理念"关注的是实现全面建成小康社会这一目标的发展过程的内在要求、科学原则和价值诉求,是"四个全面"战略布局的路径展开,强调了发展的综合性、多维度。从某种意义上说,"四个全面"是"五大发展理念"的战略统领,"五大发展理念"是"四个全面"的具体展开或延伸。[2]黄书进认为"四个全面"战略布局与"五大发展理念"相互联系、不可分割。[3]

"科学指南和引领"说。李君如认为处理好"四个全面"中的三对关系需要新的理念,而"五大发展理念"是贯彻"四个全面"战略布局的题中之义,是协调推进和落实"四个全面"战略布局的关键和科学指南。[4]"四个全面"体现的是战略目标和战略举措的统一,而"五大发展理念"是按照"四个全面"体现的是发展任务和发展举措的统一。[5]熊晓琳等人认为"五大发展理念"是为了推动"四个全面"战略布局而提出的发展新理念,"四个全面"对"五大发展理念"具有引领作用。[6]

---

① 张建:《"五大发展理念":全面建成小康社会的科学指南》,《理论导刊》,2016年第2期。

② 郝立新:《中国特色社会主义实践的战略布局和发展理念》,《中国特色社会主义研究》,2015年第6期。

③ 黄书进:《习近平治国理政的新理念新思想新战略》,《观察与思考》,2016年第2期。

④ 李萌:《马克思主义中国化政治经济学的最新成果——中央党校原副校长李君如谈五大发展理念》,《理论视野》,2015年第11期。

⑤ 黄书进:《习近平治国理政的新理念新思想新战略》,《观察与思考》,2016年第2期。

⑥ 熊晓琳、王丹:《五大发展理念与中国特色社会主义》,《思想理论教育导刊》,2016年第1期。

附录一：国内学界关于"五大发展理念"的研究述评

"系统动力"说。颜晓峰等人认为"五大发展理念"是"四个全面"战略布局的发展力量得以落实的系统性动力，为"四个全面"的落实提供重要衡量标准。"五大发展理念对于落实'四个全面'战略布局也具有重要着力点。从全面深化改革看，五大发展理念成为深化改革的重要衡量标准，判断一系列改革措施成效、判断制度体系和治理能力是否走向现代化的基本标准，就是看是否有利于促进经济和社会创新、协调、绿色、开放、共享发展。五大发展理念确立了全面深化改革进一步细化、量化的标准要求。"[1]

"并列"说。这种观点认为"五大发展理念"和"四个全面"是一种并列关系。冯俊认为"四个全面"的战略布局和"五大发展理念"是我们实现"两个一百年"奋斗目标和中华民族伟大复兴中国梦的理论武器和行动指南"[2]，张新认为"四个全面"战略布局和五大发展理念都是科学发展原则的具体体现和深化。科学发展原则是我国社会主义现代化建设规律的反映，根本要求在于实现全面协调可持续发展，其核心和价值原则在于以人为本。"四个全面"战略布局和五大发展理念都是科学发展原则的具体体现和深化。[3]

"关键环节"说。这种观点将二者视为新一届党中央现代化战略体系的两个关键环节，具有更长远的指导意义。唐洲雁将"四个全面"和"五大发展理念"视为"习近平现代化战略思想"体系的重要组成部分。"习近平现代化战略思想"是一个包括战略目标、战略阶段、战略步骤、战略布局的科学思想体系，本质上要回答"中国到底要建设什么样的现代化，以及怎样建设现代化"的问题，或者说是要回答"我们要建设什么样的现代化强国，以及怎样建

---

[1] 颜晓峰、李徐步：《用五大发展理念深化国家治理现代化》，《前线》，2016年第1期。

[2] 冯俊：《五大发展理念是对科学发展观的新突破新发展》，《中国浦东干部学院学报》，2016年第1期。

[3] 张新：《五大发展理念是党对科学发展原则和规律的新认识》，《思想理论教育导刊》，2016年第1期。

设现代化强国"的问题。因此可以用来替换 2020 年实现的"四个全面"中的"全面建成小康社会",成为新目标。[1]

3.五大发展理念与全面建成小康社会、中国梦的关系

"决胜纲领灵魂和方略"说。熊晓琳认为"五大发展理念"不仅是全面建成小康社会决胜纲领的灵魂,也是一个管全局、管根本、管方向、管长远的治国理政方略。[2]李君如认为"五大发展理念"的现实意义,用一句话来概括,就是它是我们破解经济新常态下各种问题,全面建成小康社会并实现"两个一百年"奋斗目标和"中国梦"的行动先导。发展新理念是全面建成小康社会决胜阶段的决胜之策。[3]

"根本遵循和要求"说。贯彻落实"五大发展理念",将理念的软实力化为发展的新动力,是全面建成小康社会、实现中华民族伟大复兴中国梦的根本遵循和要求。创新是全面建成小康社会的先导;协调是全面建成小康社会的前提;绿色是基础;开放是关键;共享是目的;党的领导是保障。[4]"五大发展理念"关注的是实现全面建成小康社会这一目标的发展过程的内在要求、科学原则和价值诉求,强调了发展的综合性、多维度。[5]

"主题一致"说。管永前认为"五大发展理念"各有侧重,但相互呼应、协调一致、相互贯通,既体现"四个全面"战略思想和"五位一体"总体布局,服务和服从全面建成小康社会的宏伟目标,又彼此配合解决发展中的矛盾和问

① 唐洲雁:《五中全会视野下的全面小康与现代化》,《东岳论丛》,2015 年第 12 期。
② 熊晓琳、王丹:《五大发展理念与中国特色社会主义》,《思想理论教育导刊》,2016 年第 1 期。
③ 李萌:《马克思主义中国化政治经济学的最新成果——中央党校原副校长李君如谈五大发展理念》,《理论视野》,2015 年第 11 期。
④ 张建:《"五大发展理念":全面建成小康社会的科学指南》,《理论导刊》,2016 年第 2 期。
⑤ 郝立新:《中国特色社会主义实践的战略布局和发展理念》,《中国特色社会主义研究》,2015 年第 6 期。

题，为"十三五"的发展提供坚实支撑。①

由此可见，对"五大发展理念"的逻辑关系的研究已经成为学界关注的焦点问题，反映了人们对"五大发展理念"作用和地位的重视。学界不仅思考新发展理念的内在逻辑，而且将其置于中国经济社会发展历史进程中进行思考。

四、"五大发展理念"的定位

学界在讨论"五大发展理念"内在逻辑关系和外在逻辑关系的同时，对"五大发展理念"的历史定位问题也作了讨论。主要有以下五种观点：

（一）"中国特色社会主义本质属性"说

熊晓琳认为"五大发展理念"是新时期我们继续坚持和发展中国特色社会主义的发展思路、发展方向、发展着力点的集中体现。它体现了坚持和发展中国特色社会主义的新要求，统一于中国特色社会主义发展新征程，进一步探索了中国特色社会主义发展规律，拓展了中国特色社会主义治国方略，强化了中国特色社会主义本质属性。②

（二）"发展规律新认识"说

罗成翼等人认为"五大发展理念"是中国共产党对中国特色社会主义发展规律的新认识。"系统全面地回答了'十三五'及今后一个时期要实现什么样的发展、解决什么样的突出问题，彰显了新一届中央领导集体强烈的问题意识、使命意识和目标导向，是中国共产党在全面建成小康社会进入决胜阶段关于发展动力、发展结构、发展条件、发展战略和发展目标等各要素及其内

---

① 管永前：《"五大发展理念"是当代马克思主义中国化的新篇章》，《晋中学院学报》，2015 年第 6 期。

② 熊晓琳、王丹：《五大发展理念与中国特色社会主义》，《思想理论教育导刊》，2016 年第 1 期。

新发展理念在安徽的生动实践研究

在逻辑联系的新认识。"①

（三）"科学指南和价值引领"说

郝立新认为"五大发展理念"和"四个全面"战略布局一道为中国社会发展确立了科学的指南和正确的价值引领。创新发展为"四个全面"战略布局提供了活力源泉；协调发展为"四个全面"提供了方法论；绿色发展为推进"四个全面"生态动力；开放是全面建成小康社会的必然选择；共享发展体现了顶层设计"四个全面"的出发点和落脚点。②

（四）"治国理念和理政方略"说

张兴茂等人认为"五大发展新理念"是对国内外特别是我国改革开放以来经济社发展经验的新总结，反映了中国共产党对中国特色社会主义建设规律的新认识，是马克思主义发展理论的又一次重大理论创新，集中体现了党的十八大以来以习近平同志为核心的党中央的治国理念和理政方略。③

（五）"中国梦主题"说

"五大发展理念"是围绕中国梦这一主题展开的，是为实现全面小康和基本实现现代化两个战略阶段、"两个一百年"战略步骤、"四个全面"战略布局，以及"一带一路"等一系列重大战略设计而作出的战略思维举措。从总体上看，"五大发展理念"与其他战略结合起来已经形成了一个实现中国梦的初步思想体系。④

可以看到，学界主要把"五大发展理念"的定位放到中国特色社会主义和

① 罗成翼、代艳丽、黄秋生：《创新 协调 绿色 开放 共享——中国共产党对发展规律的新认识》，《南华大学学报(社会科学版)》，2015年第6期。
② 郝立新：《中国特色社会主义实践的战略布局和发展理念》，《中国特色社会主义研究》，2015年第6期。
③ 张兴茂、李保民：《论经济社会的五大发展新理念读中共十八届五中全会文件体会》，《马克思主义研究》，2015年第12期。
④ 唐洲雁：《五中全会视野下的全面小康与现代化》，《东岳论丛》，2015年第12期。

202

中国梦的理论和实践进程中来认识,应该说这种定位是准确的。"五大发展理念"既是对中国特色社会主义和中国梦的新认识新发展,又为如何建设中国特色社会主义和实现中国梦提供指南和基本遵循。因此,具有重大的理论意义和实践价值,这种意义和价值不仅仅是对中国的,对世界其他国家实现自身发展同样具有启迪和借鉴意义。

五、"五大发展理念"的意义

"五大发展理念"作为一种新的发展理念提出来,有其重要的理论和现实意义,对于国内发展和世界发展都有重要的价值。学界在思考新发展理念本身的内涵和地位的同时,也思考新发展理念所体现的价值意义,思考新发展理念能给中国和世界带来什么。

(一)"五大发展理念"的国内意义

学界大体上将"五大发展理念"的国内意义理解为:体现了以人民为主体的价值理念、提升了发展理念的新境界、引领理论和实践创新、关系全局的深刻变革、指导未来发展的思想灵魂。

1.体现以人民为主体的价值理念

张兴茂认为"就五大发展理念的关系而言,创新是其中的核心内涵,任何经济发展和社会进步都离不开理论创新、制度创新、科技创新、文化创新等各方面创新,协调、绿色和开放是经济社会全面均衡发展的客观必然,共享是前四大理念的目的和归宿,五大发展理念是一个相互贯通相互联系的有机整体。从这个意义上说,五大发展新理念贯穿了人民至上的价值取向"[①]。何毅亭认为五大发展理念的价值在于把人民的期待变成我们的行动,把人民的希望

---

① 张兴茂、李保民:《论经济社会的五大发展新理念读中共十八届五中全会文件体会》,《马克思主义研究》,2015 年第 12 期。

新发展理念在安徽的生动实践研究

变成生活的现实,让人民群众有幸福感,有获得感。①刘光明认为"五大发展理念",是以当代中国战略目标(全面小康和中国梦)和最大客观实际为基本依据(三个没有变和三个前所未有)提出的发展新理念,是"为人民服务,担当起该担当的责任"②这一执政理念的延伸拓展。

2.提升发展理念新境界

韩振峰认为"五大发展理念"从多个方面丰富和发展了马克思主义发展观,把中国共产党关于发展的理论提升到了一个新的境界:"丰富了发展内涵,充实了发展内容,指明了发展方向,强调了发展重点,明确了发展目的,强化了发展动力",是中国化马克思主义发展观的最新成果,是中国共产党发展理论的又一次重要升华,对推进"四个全面"战略布局、实现"两个一百年"奋斗目标和中华民族伟大复兴的中国梦具有重大战略指导意义。③

3.引领理论和实践创新

尹汉宁从思维的层次性、新阶段和新常态、目标导向和问题导向、社会主义政治经济学基本原则、发展新理论等五个维度认为"五大发展理念"是适应新阶段、应对新挑战、引领新常态的发展新理念,体现了中国特色社会主义政治经济学的基本原则,将有力引领和推动新的发展实践和理论创新。④顾海良认为"五大发展理念"实际上也是决战决胜全面建成小康社会历史进程中当代中国马克思主义政治经济学的新成就。⑤

---

① 何毅亭:《马克思主义发展观的中国实践与中国创新》,《当代广西》,2015 年第 24 期。
② 《习近平接受俄罗斯电视台专访》,《人民日报》,2014 年 2 月 9 日。
③ 韩振峰:《五大发展理念是中国共产党发展理论的重大升华》,《思想理论教育导刊》,2016 年第 1 期。
④ 尹汉宁:《以多维视角认识把握五大发展理念》,《人民日报》,2016 年 1 月 12 日。
⑤ 顾海良:《新发展理念与当代中国马克思主义经济学的意蕴》,《中国高校社会科学》,2016 第 1 期。

4.关系全局的深刻变革

颜晓峰认为新发展理念是关系全局的深刻变革：目标指向的变革、价值观念的变革、动力机制的变革、结构布局的变革、总体方式的变革、评价体系的变革、社会环境的变革。①"坚持创新发展、协调发展、绿色发展、开放发展、共享发展，是关系我国发展全局的一场深刻变革。这五大发展理念相互贯通、相互促进，是具有内在联系的集合体，要统一贯彻，不能顾此失彼，也不能相互替代。哪一个发展理念贯彻不到位，发展进程都会受到影响。"②

5.指导未来发展的思想灵魂

黄万林认为："五大发展理念都是针对我国发展中的突出矛盾和问题（国际和国内）提出来的，相互贯通、相互促进，是具有内在联系的有机集合，是指导'十三五'规划编制和未来发展行动的思想灵魂。"③

(二)"五大发展理念"的世界意义

学界认为"五大发展理念"不仅对国内发展起到重要作用，而且还具有世界性的意义，即它蕴含着人类共同的价值理念，是对人类社会发展规律的科学总结和把握。

1.蕴含着人类共同的价值

"五大发展理念"作为中国特色社会主义的发展价值，属于中国，也属于世界，蕴含着全人类的共同价值，传播着中国的发展哲学。④"五大发展理念"既总结了我国发展的经验教训，也汲取了世界各国发展的经验教训，既把握

---

① 颜晓峰：《中国特色社会主义发展规律的新认识》，《中国特色社会主义研究》，2016 年第 1 期。
② 习近平：《在党的十八届五中全会第二次全体会议上的讲话(节选)》，《求是》，2016 年第 1 期。
③ 黄万林：《以五大理念为"十三五"谋篇布局》，《学习月刊》，2015 年第 23 期。
④ 颜晓峰：《中国特色社会主义发展规律的新认识》，《中国特色社会主义研究》，2016 年第 1 期。

了中国发展的特殊规律,也体现了世界发展的共同规律。①何毅亭认为"五大发展理念"实现了对发展观的中国创新,彰显了对发展价值的历史自觉,体现了对发展规律的科学遵循,是对科学发展观的坚持和发展,因而能够推动发展全局深刻变革。②

2.人类发展规律的科学总结和把握

"五大发展理念"不仅是解决我国发展问题的科学理论指导和行动指南,同时对于解决当今世界发展的共同难题都有很强的指导作用和借鉴意义。③"五大发展理念"揭示了新时期我国社会主义现代化建设的新特点新规律,不仅是我国当前和今后经济社会发展的科学指针,而且具有世界意义,代表着世界发展趋势和科学发展方向,是对人类社会发展规律的深刻把握、发展方向的科学揭示、发展道路的开拓创新。也是当代马克思主义中国化的新篇章。④

总体上来看,学界对于"五大发展理念"的思考,已经由中国自身现实问题的思考扩展到对人类社会发展问题的思考。不仅折射出"五大发展理念"自身所具有的魅力和特质,也彰显了这一新发展理念所具有的人类共同期盼。因此,学界对五大发展理念意义的思考,对人们反思自身发展处境,思考人类面临的共同课题,谋求普世意义的发展理念,具有重要作用。

①③ 冯俊:《五大发展理念是对科学发展观的新突破新发展》,《中国浦东干部学院学报》,2016年第1期。

② 何毅亭:《马克思主义发展观的中国实践与中国创新》,《当代广西》,2015年第24期。

④ 管永前:《"五大发展理念"是当代马克思主义中国化的新篇章》,《晋中学院学报》,2015年第6期。

六、当前学界关于"五大发展理念"研究的成果和不足

理论是行动的先导,先进的理论则是实践在理论层面的真实反映。"五大发展理念"提出近半年来,引起热烈反响,说明该新发展理念真实反映了中国经济社会发展的现实问题、解决路径和价值目标。学界的研究既取得了一定成果,也还存在着一定程度的不足。

（一）"五大发展理念"研究取得的成果

总的来看,当前学术界对"五大发展理念"的研究主要取得了以下五个方面的成果：第一,学界已经对党的十八届五中全会提出的"五大发展理念"作了充分的文本阐释。学者们运用文本研究法,阐述了"五大发展理念"在五中全会报告以及"十三五"规划中的核心地位,从而将这一新发展理念推到了政治舆论的中心位置。第二,学界普遍认识到了"五大发展理念"是有机统一的整体。"五大发展理念"的每一个"理念"并不是孤立呈现的,而是作为整体的发展理念的重要组成部分,按照不同的功能有机联系起来的。第三,学界普遍认识到了研究"五大发展理念"的来龙去脉的重要性,并已经就该问题作了一定探讨。第四,学界已经意识到"五大发展理念"无论是对国内还是对世界来说都具有重要的意义,并且已经对新发展理念可能对中国和世界产生的影响作了阐释。第五,学界开始着手思考"五大发展理念"在习近平系列重要讲话精神中的地位和作用。总体来看,大部分学者都将新发展理念视为习近平治国理政思想的新理念,视为中国特色社会主义发展规律的新认识。

（二）"五大发展理念"研究存在的不足

但是,由于"五大发展理念"提出的时间比较短暂,虽然媒体对它的报道比较频繁,但期刊文论文相对较少,知网检索发现,自 2015 年 10 月至 2016 年 3 月,以"五大发展理念"为篇名的期刊论文仅为 192 篇,报纸报道专稿达

1057篇。因此,总体来看,学界对它的研究尚处于起步阶段,需要进一步深入研究。为此,我们需要明确学界关于"五大发展理念"存在哪些不足:第一,在内容上,对"五大发展理念"的解读存在"本本主义"倾向。所谓"本本主义"是指,学界对新发展理念的解读,往往习惯于从文本到文本,相对缺乏有活力的论证。第二,在研究方法上,定性较多,定量较少。学术界比较多地倾向于运用党的文献资料来论证五大发展理念重要性,相对缺乏鲜活的论证材料,同时研究方法趋向单一,多是文本研究。第三,关于每个"理念"以及各理念之间的内在逻辑关系,存在纯粹的"功能主义"和过度的"简化主义"倾向。所谓纯粹的功能主义指的是人们在看待这五个"理念"时,过于强调每个"理念"所扮演的角色,例如人们更多地强调"创新是发展的第一动力",但很少分析创新在其他四大理念中对发展的重大意义,所以这是一种机械、线性的理解方式。所谓过度的"简化主义",也称过度的"还原论",是指人们在研究"五大发展理念"的时候分解和还原成若干基本组成部分,要么将每个理念作为独立的实体来研究,要么只注重"五大发展理念"的最终理论形态,而忽视"五大发展理念"形成过程中的内在生成性。第四,关于"五大发展理念"的贯彻落实情况,目前学界尚处于对该理论的阐发和推介阶段,而对该理论的贯彻落实研究只是蕴含在理论探讨中。因此亟须加强如何贯彻落实新发展理念的研究。第五,关于"五大发展理念"的意义,在已有研究中还出现了一种将"科学指南和指导思想"滥用的倾向。尽管"科学指南和指导思想"一定程度上反映了新发展理念对新时期中国发展的重要意义,但不能一味地拔高,因为该理念刚提出不久,尚需要沉淀和进一步研究。

七、总结与思考

当前,我们党已经将"五大发展理念"作为新时期的发展理念,并作为贯

附录一：国内学界关于"五大发展理念"的研究述评

穿"十三五"规划纲要的主线，可以说对"十三五期间"乃至更长时期中国全面建成小康社会，实现中国现代化发展目标发挥着牵引作用。观照现实，是学术界探索理论问题的出发点，也是学术界研究理论的价值所在。因此，学界对理论的探讨理应发挥"舆论宣传，鼓舞士气，总结经验，推向前进"的功能。为此，关于"五大发展理念"，学界还需要着重思考以下四个方面的问题。

（一）在"五大发展理念"的内容和研究方法上，要多维度阐释，运用定性和定量相结合的方法

扩展对"五大发展理念"的研究视角，一方面，不能仅停留在文本解读上，应当扩展解释维度，尝试从经济学、社会学、政治学等维度阐释"五大发展理念"；另一方面，应当注重从现实问题出发阐释"五大发展理念"的内涵。学界虽然都意识到新发展理念具有鲜明的问题导向，但是当将这些问题呈现出来时，缺乏详尽而鲜活的材料作为支撑，从而使阐释显得说服力不够强。在研究方法上，我们要注意定性和定量的有机结合，不能只强调定性研究而忽视定量研究，也不能只强调定量研究而忽视定性研究。只有把两者结合起来考察，"五大发展理念"才易于为人们理解和把握。

（二）在"五大发展理念"内在逻辑关系上，要运用辩证思维，从纵横两方面进行揭示

摒弃机械的线性的理解方式，坚持辩证的理解方式。也就是说，我们既要运用辩证的思维理解"五大发展理念"的内在统一性，而且还要运用辩证思维阐释"五大发展理念"与相关理论命题的关系，也就是从横向和纵向上来理解其逻辑关系。横向上，我们需要考虑"五大发展理念"与"五位一体"总体布局、"四个全面"战略布局和"全面建成小康社会"等重大理论成果的关系。纵向上我们还要将"五大发展理念"置于中国共产党的发展战略构建进程中，置于中国特色社会主义发展规律的认识中，置于实现中国梦的伟大进

程中予以理解。

（三）在"五大发展理念"的形成过程上，既要整体考察其形成，又要考察每个方面的形成与发展

马克思认为，比较简单的范畴和比较发达的整体是一种从属关系，在整体的范畴呈现出来以前，其组成部分和要素在历史上是已经存在过的，因此每一个简单范畴上升为复杂的抽象整体时，需要符合现实历史发展进程。[①]对于"五大发展理念"来说，每一个"理念"在新发展理念提出来以前都已经存在过，至于这五个"理念"如何结成一个复杂的整体范畴，那就必须从它们各自的现实发展进程中去考察。因此我们应当着重理清每个"理念"的来龙去脉，才能更加清晰地阐述五大发展理念。

（四）在"五大发展理念"的价值上，既要阐明其理论价值，又要阐明其实践价值

"发展是人类社会的永恒主题，但是发展本身不是也不能成为目的，发展必有其价值指向。价值指向不同，发展结果迥异。"[②]学界应当着重研究"五大发展理念"及每个"理念"所体现的价值指向，既要探究"五大发展理念"的理论价值，又要思考"五大发展理念"给人们带来什么，也就是其实践价值。例如研究共享理念与马克思主义的关系，共享理念在中国特色社会主义发展中的地位，共享体现的人学意蕴等。

综上所述，学界对"五大发展理念"的研究尚处于起步阶段，今后学界对其内涵、方法、演进、意义和价值的研究还有待于深化。"路漫漫其修远兮，吾将上下而求索"。学界应进一步加大对"五大发展理念"的研究，为全面建成小康社会、实现中华民族复兴的中国梦实践提供坚实有力的学理支持。

---

① 《马克思恩格斯选集》（第二卷），人民出版社，2012 年，第 703 页。

② 辛鸣：《论当代中国发展战略的构建》，《中国特色社会主义研究》，2016 年第 1 期。

附录一：国内学界关于"五大发展理念"的研究述评

本文系 2015 年国家社会科学基金项目"中国道路与实现民族复兴的中国梦研究"（项目编号：15BKS025）、2014 年安徽省哲学社会科学规划项目"中国道路与实现民族复兴的中国梦研究"（项目编号：AHSKY2014D74）、安徽省社科联 2015 年社科普及规划资助立项项目"话说五大发展理念——以安徽经济社会发展为例"（立项编号：DZ2015001）、安徽省高等教育振兴计划项目"'原理'课名师工作室"（项目编号：Szzgjh1-1-2016-15）、省级教学团队"思想政治理论课教学团队"（项目编号：2014jxtd024）、《马克思主义基本原理概论》教学团队（项目编号：2015JXTD03）、"慕课（MOOCs）"背景下思政课教学生态研究（项目编号：2015JYXM28）项目的阶段性成果。

附录二：
共享发展的科学内涵及实现路径①

改革开放以来，在全国各族人民共同努力、艰苦奋斗、辛勤劳动的基础上，国民经济持续健康快速发展，国家经济总量连上新台阶，一跃而成为世界第二大经济体。国家经济、政治、社会、科技、文化等各方面事业取得了前所未有的发展成就。成绩终将成为过去，未来的可持续发展需要科学先进理念的指导。习近平在关于《中共中央关于制定国民经济和社会发展第十三个五年规划的建议》的说明中指出："实现'十三五'时期发展目标，破解发展难题，厚植发展优势，必须牢固树立并切实贯彻创新、协调、绿色、开放、共享的发展理念。"② 这一理念是体现社会主义本质和中国共产党宗旨、科学谋划人民福祉和实现国家长治久安的重要发展理念。它"把共享作为发展的出发点和落脚点，指明了我们的发展价值取向，充分把握了科学发展规律，顺应了时代发展潮流。"③

---

① 该文发表于《长春师范大学学报》，2017 年第 7 期。部分内容有删改。

② 《中共中央关于制定国民经济和社会发展第十三个五年规划的建议》，《人民日报》，2015 年11 月 4 日。

③ 任理轩：《深入学习贯彻习近平同志系列重要讲话精神：坚持共享发展——"五大发展理念"解读之五》，《人民日报》，2015 年 12 月 24 日。

附录二：共享发展的科学内涵及实现路径

一、共享发展的科学内涵

共享发展是中国共产党人在准确把握人类社会发展规律和社会主义建设规律基础上，结合现阶段我国全面建成小康社会发展实践，提出的全新的价值取向鲜明、符合时代发展潮流的先进理念，是对社会主义发展的本质和中国共产党人全心全意为人民谋福祉的深刻诠释，是对马克思主义共享发展观的丰富和升华。

（一）共享发展的核心思想是以民为本

民本思想是中国古代思想史上最光辉的思想。孔子认为君主治理国家首先应该富民、惠民，只有百姓富足了，国家才能富强。孟子继承了孔子的富民、惠民思想，并提出了"制民之产"理念，对于人民的需要要满足他们，给予他们充分的生产资料，使他们能够安居乐业。民本思想也是马克思主义的核心思想："过去的一切运动都是少数人的，或为少数人谋利益的运动。无产阶级的运动是绝大多数人的，为绝大多数人谋利益的运动。"[①]毛泽东说："共产党人的一切言论行动，必须以合乎最广大人民群众的最大利益，为最广大人民群众所拥护为最高标准。"[②]邓小平、江泽民、胡锦涛等几位党的领导人都从不同角度强调了人民群众的重要地位。习近平总书记指出："要坚持以人民为中心的发展思想，要把增进人民福祉、促进人的全面发展……作为经济发展的出发点和落脚点。"[③]马克思主义民本思想充分体现了人类民本思想进步的时代特征，要求我们充分尊重人民群众在历史进程和社会发展中的主体地位和根本利益，全心全意为人民的根本利益和发展谋福祉。

---

① 《马克思恩格斯文集》（第二卷），人民出版社，2009 年，第 42 页。

② 《毛泽东选集》（第三卷），人民出版社，1991 年，第 1096 页。

③ 《习近平在中共中央政治局第二十八次集体学习时强调：立足我国国情和我国发展实践，发展当代中国马克思主义政治经济学》，《人民日报》，2015 年 11 月 25 日。

（二）共享发展的价值取向是共同富裕

共同富裕、共同发展是千百年来中国人民的共同梦想和不懈追求。从孔子的"不患寡而患不均"，孙中山的"民有、民治、民享"，毛泽东的"必须给人民以看得见的物质福利"，邓小平"一部分地区有条件先发展起来，一部分地区发展慢点，先发展起来的地区带动后发展的地区，最终达到共同富裕"，到习近平提出"发展成果由人民共享，使全体人民有更多获得感，朝着共同富裕方向稳步前进"，"人民对美好生活的向往，就是我们的奋斗目标"，充分体现了中华民族不同时代的思想家和建设者对实现人民富裕的美好夙愿和不懈艰苦奋斗的精神。也充分体现了以习近平同志为核心的党中央对全面建成小康社会，实现人民共同富裕的执政理念的升华和价值诉求。

（三）共享发展的内在要求是公平正义

古希腊伟大的思想家柏拉图曾说："待人不公正比受到不公正待遇更有失体面。"要使每一个人能体面生活，能"共同享有人生出彩的机会，共同享有梦想成真的机会"，就必然要求社会充满公平正义。当前我国社会正处于转型期，社会思想文化、利益主体、利益诉求呈现多元化态势。公平正义就成为实现利益均衡、化解利益矛盾的关键钥匙，更契合了当下百姓的共同期待，更体现了中国特色社会主义本质的内在要求。

（四）共享发展的根本动力是共同建设

共享发展的落脚点和归宿就是要实现共同富裕，但这绝对不是要回头搞"平均主义"，吃"大锅饭"。在社会主义社会制度和社会主义初级阶段条件下，如果实行"平均主义"和"大锅饭"必然会抹杀劳动分配上的差别，否认按劳分配为主的分配制度，把社会化大生产倒退到自给自足的自然经济状态下，违背社会历史发展规律。所以，共享发展需要建立在现有的制度基础上，注重效益与公平之间的平衡，坚持"发展依靠人民"，在人人参与、人人尽力、人人共建的基础上为全面实现"两个一百年"的奋斗目标贡献自己的力量。

二、共享发展取得的成就

新中国成立以来,尤其是改革开放以来,我国在经济、政治、文化、社会、生态等各方面都取得了长足的进展,为共享改革发展成果提供了厚实的保障。

(一)政治文明建设稳步推进

"政治文明,通常是指人们改造社会所获得的政治成果的总和。"[①] 1949年10月1日,中华人民共和国成立,建立了人民民主专政政权,人民群众翻身当家做主人。1956年三大改造完成后,随着社会主义制度的基本建立,社会主义政治文明建设也取得了更大大发展。"社会主义政治文明本质上是人民民主的政治文明。"[②]由人民共享人民创造的社会主义政治文明成果是社会主义政治文明建设的价值归宿。中国共产党领导的多党合作和政治协商制度、民族区域自治制度、宗教信仰自由制度等有效调动了全国各民族人民和各阶层群众参与政治的积极性、创造性。1978年党的十一届三中全会以后,我国的社会主义民主政治文明建设取得了长足的发展,创建了政务公开、村民自治、村务公开和厂务公开等一系列标志性的特色社会主义政治文明成果,构成了社会主义民主政治制度的重要组成部分,而且成为人民群众共享社会主义政治文明成果的重要途径。党的十八大以来,以习近平同志为核心的党中央,坚持和完善人民代表大会制度、社会主义民主协商政治制度,完善中国特色社会主义法律体系,维护社会公平正义,使中国特色社会主义政治文明发展道路越走越宽广,人民群众共享政治文明成果的机会也越来越多。

---

① 王惠岩:《建设社会主义政治文明》,《文史哲》,2002年第6期。

② 白以娟:《社会主义民主与政治文明》,《丹东师专学报》,2003第6期。

（二）经济建设成果惠及百姓

人民群众日益增长的美好生活需要和不平衡不充分的发展之间的矛盾是现阶段我国社会的主要矛盾。解决这一矛盾的关键是要坚定不移地以经济建设为中心，不断地创造丰富的物质财富以满足人民群众的生活需要。从1978年改革开放到2015年为止，我国GDP按年均8.5%的速度增长，在2010年超过日本成为世界第二大经济体。2015年5月28日，在庆祝五一国际劳动节暨表彰全国劳动模范和先进工作者大会上习近平指出："我们要始终实现好、维护好、发展好最广大人民根本利益，让改革发展成果更多更公平惠及人民。"2013—2015年，在金融危机的持续影响下，世界各国经济下行压力增大的情况下，我国每年新增城镇就业人口均超过1300万，物价水平总体保持稳定，居民消费价格涨幅控制在2%左右，全国居民人均可支配收入年均实际增长7.8%——城镇、农村居民人均可支配收入年均实际分别增长6.8%和8.7%，农民工月均收入年均名义增长10.3%；农村累计脱贫人口超过4000万人，全国城镇保障性安居工程建设和棚户区改造有力推进，保障性安居工程累计建成超过1800万套，城乡居民基本养老保险制度进一步完善，农村居民"新农合"大病医疗救助机制更加完善，机关事业单位养老保险制度改革有效推进，覆盖城乡居民的社会保障体系不断健全。这一系列成果的取得得益于改革开放以来，全国人民在党的正确领导下辛勤劳动、努力创造。人民群众也从经济发展中得到了看得见的实惠，有了更多获得感。

（三）社会建设更加幸福和谐

《中共中央关于构建社会主义和谐社会若干重大问题的决定》指出："构建社会主义和谐社会，要从解决关系人民群众切身利益的现实问题入手。"2012年11月15日，习近平在党的十八届中央政治局常委同中外记者见面时讲话指出，"更好的教育、更稳定的工作、更满意的收入、更可靠的社会保障、更高水平的医疗卫生服务、更舒适的居住条件、更优美的环境,期望孩子们能成长得更好、工作得更好、生活得更好。人民对美好生活的向往,就是我们奋斗的目标。"这就是关系人民群众切身利益的问题,事关社会和谐与否的重大问题。全国各地都围绕这一目标努力奋斗。安徽省六安市"十二五"期间,"累计投入民生领域资金1188亿元,民生工程实施工作连续多年全省领先。社会保障体系更加健全,城镇职工五大保险参保率逐年递增,城乡居民社会养老保险、医疗保险实现全覆盖,城乡低保应保尽保。建设各类保障性安居工程14万套,完成农村危房改造10.5万户"[①]。城乡居民在教育、医疗、住房、交通等各方面都得到了改善,社会建设呈现更加和谐幸福的良好局面。

(四)文化建设成果异彩纷呈

文化是一个民族的精神和灵魂,具有强大的凝聚力量。先进崇高的文化是社会进步和人民幸福的精神支柱。中国先进文化是中华民族兴旺发达、生生不息的伟大动力。"十二五"时期特别是党的十八大以来,我国先进文化建设以中国特色社会主义理论为指导,以社会主义核心价值观为导向,不断深化文化体制改革,极大地促进社会主义文化大发展、大繁荣,为广大百姓提供了丰富的精神食粮,使广大百姓在共享文化发展成果的同时,精神世界也得到升华。习近平文艺工作座谈会讲话以来,我国文艺呈现出繁荣发展的生动景象,文化创意创新产业快速增长,公共文化服务体系建设取得了显著成效,初步建成了包括国家、省、地市、县、乡、村和城市社区在内的六级公共文化服务网络,农村公共文化服务能力大大增强,通过五大工程(农村广播电视村村通、户户通工程,乡镇综合文化站工程,农村电影放映工程,农家书屋工程,农村数字文化工程)迅速提升了农村公共文化服务能力和活力,让广大城镇民

---

① 毕小彬:《推进老区全面建成小康社会》,网址:http://union.china.com.cn/jdnews/txt/2016−03/10/content_8624695.htm。

众共享看得见、摸得着、有所获文化建设成果。

(五)生态文明理念引起广泛共鸣

改革开放四十多年,中国经济飞速发展从某种意义上说是以严重的资源浪费和环境污染破坏为巨大代价的。面对环境破坏日益严峻的形势,我们要转变"先污染后治理"的落后观念,要确立"既要金山银山,也要绿水青山"的绿色发展理念。随着社会发展和人民生活水平整体的不断提高,良好生态环境成为人民生活质量的重要内容、衡量人民群众生活幸福指数的重要指标、普惠的民生福祉,是提升人民群众获得感、幸福感的增长点;"让居民望得见山、看得见水、记得住乡愁"是党的十八大确立的既定目标,也是广大百姓的心声。党的十八大以来,党中央、国务院对生态文明和环境保护作出一系列重大决策部署,生态文明建设顶层设计已经形成、生态文明建设制度体系逐步完善、环境治理和生态保护进程加快、开发格局和发展方式不断优化、全社会生态文明意识明显增强,为"美丽中国""美丽乡村"的建设奠定了坚实基础。

三、共享发展存在的问题

虽然我们在各个领域都取得了骄人的成绩,但是我们也要充分估计到国内外发展环境广泛而深刻的变化可能会给我们共享发展的实现带来诸多阻力。针对这些共享发展过程可能遇到的难题,我们需要根据实际情况在总的目标指引下及时作出调整和改进,为实现中华民族伟大复兴凝聚更加磅礴的力量。

(一)政治文明共享存在藩篱

政治文明程度较高的社会必定是多数人能够真正共享政治文明成果。《中华人民共和国宪法》明确规定了公民享有广泛的民主权利和自由,并且制定了一系列的制度保障人民享有这些权利和自由,但由于历史和现实诸多因素,导致人民在共享政治文明成果的道路上还存在很多藩篱。"当前我国政治文明建设中存在的主要问题就是政治行为的非文明化。"[①]主要表现为少数领导干部目无党纪国法,擅权专断、滥用公权,贪污腐败、贿赂成风,司法不公、知法犯法,买官卖官、结党营私,黑白勾结、侵吞国家资财等政治非文明化行为;公民在参与政治过程中的非理性化、无序化、形式化、低水平化问题也非常突出,特别是近几年出现过的激上访、贿选问题,香港"占中事件"、冲击政府机关行为等事件的发生;农村基层民主建设过程中,家族宗族势力方方面面的活动,表明新时期旧的封建势力在农村死灰复燃欲再次攫取农村权力的意向,严重阻碍了多数人民共享政治文明成果、参与政治文明建设的发展进程。

(二)经济成果共享不够均衡

习近平多次强调指出,老百姓能不能过上好日子,能不能在生活上得到改善,关键在家庭收入的增加和贫困人口脱贫两个民生"短板"上。问题是"我国现在财产和收入的分配差距都比较大,基尼系数超过美国;1%最富家庭已拥有我国家庭财产的三分之一,已与美国相同"[②]。可以说,这一数字是让人触目惊心的,如果是这样,与我们倡导的"共同富裕"道路不是越来越近,而是越来越远了,也与我们社会主义社会发展本质背道而驰,国家不能不加以高度重视。2011年9月17日,因金融危机、财政危机等因素引发的美国"99%的穷人对抗1%的富人"的"占领华尔街运动"应该成为我们国家吸取的教训。另一方面,要在建党一百周年之际全面建成小康社会,解决7017万人

---

① 肖文清:《我国政治文明建设中的主要问题与对策》,《湖南师范大学社会科学学报》,2003第9期。

② 程恩富:《论新常态下的五大发展理念》,《南京财经大学学报》,2016年第1期。

口的脱贫问题成为关键。正如习近平讲的"小康不小康,关键看老乡"。2020年是脱贫攻坚战的收官之年,解决贫困人口的脱贫任务依然迫切而繁重,而且这些贫困人口"70%集中在 14 个'连片特困地区',这 14 个特困地区均属'老、少、边、穷、山'地区,经济底子差且环境恶劣,减贫、脱贫难度巨大"①。

(三)和谐社会乐章尚有不和谐音符

四十多年的快速发展,我国各方面的发展成就着实让人欣喜:神十飞天、嫦娥登月、深海探索、蛟龙深潜、神威太湖之光超算、量子通讯等一系列国家重大科技成果令人瞩目。我们在欢欣鼓舞的同时,也应清醒意识到当前我们在和谐社会、美丽中国建设过程中还时常发生一些不和谐、不美丽的事件。例如食品药品安全问题,医患关系紧张,腐败问题突出,娱乐圈伦理缺失等,在强大新媒体放大下,迅速成为民众关注热点和焦点。例如 2016 年 3 月,山东假疫苗事件、安徽华源生物药业"欣弗"注射液不良反应事件、江苏常州外国语学校近 500 学生中毒事件等涉及百姓生命财产安全事件,近 5 年发生了不下百起医患纠纷,甚至患者追砍医生致医死亡事件。

(四)文化共享存在格调差异

近些年虽然在社会主义先进文化的熏陶下人民群众整体文化素质得到一定提升,但社会个体在文化追求方面也存在一定格调差异。第一,文化精品少,快餐文化多。随着人们生活节奏的加快和微媒体的广泛使用,文化市场在打造经典文化作品方面下的功夫越来越少,更倾向于创作快餐类文化作品,以赢取受众的口味。第二,草根文化发达,主流文化薄弱。草根文化借助网络在青少年群体中扩散迅速,很快被青少年群体吸收,极大地影响了青少年群体的思想和行为。第三,娱乐文化极度泛滥,高雅文化资源稀缺。中国传媒

---

① 彭刚、李霞:《决战极端贫困:中国的共享发展之路》,《人民论坛·学术前沿》,2016 年第 3 期。

大学教授王雪野指出:"'当今,从电视到电影,从报刊到新兴媒体,无不充斥着以感官刺激为表象、穷尽低级搞笑、卖弄噱头之能事'。在这个急速转型的社会里,娱乐被民众曲解为享乐,娱乐演变成一种文化产品。"①文化产品越来越趋向庸俗化、媚俗化,甚至低俗化。相比较而言,从城市到乡村,代表社会主旋律、核心价值观的高雅文化艺术资源却相对稀缺,无法满足广大人民群众的精神文化需求。

(五)共享生态文明任重道远

随着"资源节约型社会"与"环境友好型社会"的绿色发展理念的提出,国家采取了一系列措施加强环境保护,生态环境得到一定程度改善。但由于我国人口基数、密度大,人均占有资源匮乏,加上我国正处于全面建成小康社会的工业化和城镇化的快速发展阶段,对资源具有较高的需求,使得我国共享生态文明建设成果面临着诸多挑战。第一,环境污染严重,危及民众身体健康,甚至生命安全。第二,环境问题纠纷,引发群体事件。一些环境破坏事件政府没有及时处理或处理不力,导致社会群体性事件发生,影响了社会和谐稳定。比如河北沧县"红豆局长"事件、昆明东川"牛奶河"事件等引起了全社会的广泛关注。第三,生态退化形势依然严峻。目前我国草地荒漠化、耕地盐碱化趋势严峻,矿区资源开发、重大工程建设引发的生态破坏尚未得到有效制止,山体滑坡、泥石流等严重自然灾害及次生灾害频发,珍稀生物资源濒危问题日益突出,生态保护能力建设滞后,这些问题处理不好,将成为共享生态文明建设成果的桎梏。

---

① 徐艳红、袁静、谭峰:《盘点当前社会十大病态:从炫富到娱乐死》,网址:http://news.eastday.com/eastday/13news/auto/news/society/u7ai2514665_K4.html。

四、全面推进建成小康社会实现共享发展

全面建成小康社会是中国特色社会主义的本质要求。习近平在党的十八届五中全会指出:"坚持发展为了人民、发展依靠人民、发展成果由人民共享,作出更有效的制度安排,使全体人民在共建发展中有更多获得感,增强发展动力,增进人民团结,朝着共同富裕方向稳步前进。"①发展成果由人民共享,实现人民的共同富裕,这是中国特色社会主义建设和发展的本质要求。这一本质要求在现阶段的具体表现就是要在 2020 年全面建成小康社会,使 14 亿中国人民生活达到小康水平和标准。

(一)小康社会的科学内涵

"小康"一词最早出现于《大雅·民劳》:"民亦劳止,汔可小康,惠此中国,以绥四方。"意思是说终年辛勤劳苦的百姓,生活也该富足安康了;如果全天下百姓能得到这样的恩惠,天下也就和睦安定了。"小康"作为一种社会模式,最早在西汉《礼记·礼运》中得到系统阐述,并将其与"大同"并列为两种不同的社会状态或社会理想。古人的这种社会理想虽然从奴隶制社会到几千年漫长的封建社会发展历程中从未得到过实现,但"小康"思想却在勤劳善良的中国百姓思想中产生了深远影响,成为中华民族千百年来普通百姓对丰衣足食、安居乐业和谐社会、幸福生活的共同追求和朴素向往。

这一社会理想随着中华人民共和国的建立和中国现代化建设进程步伐的加快,以及国家现代化治理能力和治理水平的提高,"小康社会"这一千百年来人们的美好夙愿在几代中国共产党人的努力下具备实现的充分条件。2014 年 12 月习近平在江苏调研时第一次明确提出 "全面建成小康社会"战

① 《习近平谈"十三五"五大发展理念之五:共享发展篇》,网址:http://cpc.people.com.cn/xuexi/n/2015/1114/c385474-27814876.html。

略任务。党的十八大将"建设"改成"建成"，进一步提出了到 2020 年"全面建成小康社会"的任务。"全面建成小康社会，核心就在'全面'，我们追求的是多领域协同发展、不分地域、不让一个人掉队、不断发展的全面小康。从内容上看，全面建成小康社会是经济、政治、文化、社会、生态文明建设五位一体的全面小康，是不可分割的整体。从区域来看，到 2020 年全面建成小康社会意味着全国各个地区都要迈入小康社会，而不是一部分地区进入小康社会，其他地区还处在贫困状态。从发展的角度看，小康社会是从温饱向富裕过渡的阶段，其标准是动态的而不是静态的，是不断发展的而不是固定不变的，但也不是无限提高的。随着生产力发展和社会不断进步，小康社会的标准也在不断调整。"①结合现阶段国家经济社会发展具体目标来讲，就是人民的吃穿用问题解决了，基本生活有了保障；住房问题解决了，做到住有所居；就业问题解决了，城镇基本上没有待业劳动者了；农村人口不再外流了，农村的人总想往城市跑的情况已经改变，美丽乡村建设有进展；教育资源短缺、公平问题基本解决，中小学教育普及了，教育、文化、体育和其他公共福利事业有能力自己安排了；人们的精神面貌变化了，犯罪行为大大减少；看病就医基本得到保障，医保能做到全覆盖，老百姓生得起病、看得起医。总体来讲，"小康社会"就是一个在党的正确领导和全国人民共同参与、共同建设下，以公有制经济为主体、共同富裕为目标，政治、经济、社会、文化、生态全面发展的中国特色社会主义社会，人民生活更加幸福和谐。

（二）全面建成小康社会的举措

全面建成小康社会，是中国共产党立足于社会历史发展趋势和当代中国现实国情所做出的科学判断与战略部署，是中华民族实现伟大复兴中国梦的

---

① 《正确理解如期全面建成小康社会》，《求是》，2015 第 9 期。

新发展理念在安徽的生动实践研究

关键一步,是落实"四个全面"战略的最重要环节,对"全面深化改革、全面依法治国、全面从严治党"起着引领作用。因此要顺利、如期实现这一目标,必须强化几个方面的建设。

1.加强党的领导,强化党的建设

中国共产党是中国特色社会主义事业的领导核心和根本保证。党的事业的兴衰成败关系到中国特色社会主义事业的兴衰成败,关系到人民幸福生活的福祉,是事关国家利益的大事。中国共产党必须站在战略的高度努力加强党的自身建设、全面从严治党、推进党风廉政建设和反腐败斗争。党的十八大以来的严厉反腐,苍蝇、老虎一起打,把权力关进制度的笼子;出台中央八项规定、反四风等,充分体现了中国共产党在从严治党上的决心,得到了广大人民群众的拥护和支持,强化了百姓对党的领导的信心和信赖。

2.深化制度改革,完善制度体系

共享发展要"作出更有效的制度安排",制度的完善和发展是全面建成小康社会的根本保障。要改革、完善旧有的制度,建立新的、有效的制度体系,尤其是"民生"领域的相关制度,从制度上为人民群众共享发展成果、共建小康社会提供重要制度保障。例如城乡居民医保制度、最低生活保障制度、城乡户籍改革制度、住房保障制度、生态环保制度等一系列相关制度。系统完备、科学规范、运行有效的制度体系是全面建成小康社会制度成熟定型的基本要求。

3.注重创新驱动,引领新型发展

"创新是一个民族进步的灵魂,是一个国家兴旺发达的不竭动力,也是中华民族最深沉的民族禀赋。"①只有不断进行理论、制度、科技、文化等方面的

---

① 《习近平谈治国理政》(第一卷),外文出版社,2018年,第59页。

创新,才能推动国家和社会与时俱进的发展新潮流,才能推动生产力的发展,才能创造巨大的物质与精神财富,才能为小康社会的建成奠定雄厚的物质与精神基础。要把亿万人民的聪明才智调动起来,努力形成"人人创新、万众创新"的新局面,使创新成为新常态下经济创新发展的新引擎。

4.坚持协调发展,注重统筹兼顾

过去几十年的发展取得了极大的发展成就, 人民群众也得到了看得见的实惠,生活水平也得到了明显的改善,但同时在发展过程中存在的问题也在新阶段集中暴露出来了,突出的矛盾主要是区域发展不平衡,东、中、西部地区间的经济增长和百姓生活水平差距扩大;由于传统城乡二元结构的矛盾和城乡产业特性,以及计划经济时代遗留下来的户籍壁垒等问题导致城乡发展不平衡问题异常突出,尤其是老、少、边、穷农村地区7000多万人口的脱贫问题需要加以解决,打好扶贫攻坚战。因此,我们要认真按照习近平强调的区域城乡"要统筹兼顾、协调发展、协调联动",真正做到小康道路上不能让一个人掉队。

5.树立绿色理念,转变发展方式

习近平在党的十八届五中全会将"绿色发展"列入"五大发展理念"。要从以下三个方面搞好生态文明建设:一是要通过各种途径加大宣传力度,使绿色发展观念深入人心,强化公民环保意识,在全社会形成珍爱环境、保护生态、节约资源的共识,使生态文明、绿色发展观念成为14亿人共同的价值观念和自觉行动。二是要走资源节约型、环境友好型和可持续发展道路,转变经济发展方式,树立"既要金山银山,也要绿水青山"观念,走中国特色新型工业化道路,达到经济发展和环境保护的双赢。三是要实行严格的环境保护、资源保护制度,强化法律执行,实行环境保护一票否决制,杜绝一切环境违法行为,绝不允许"少数人发财、人民群众受害、全社会买单"情况的再出现。

新发展理念在安徽的生动实践研究

本文系 2015 年国家社会科学基金项目"中国道路与实现民族复兴的中国梦研究"[15BKS025],2015 年安徽省社科普及规划项目:话说五大发展理念——以安徽经济社会发展为例[DZ2015001],阜阳师范学院党建与思想政治教育项目:大学生全媒体思想引领平台的构建与实践研究[2016DJSZ02]阶段性成果。

主要参考文献

一、著作

1.《马克思恩格斯文集》(第二卷),人民出版社,2009年。

2.《邓小平文选》(第三卷),人民出版社,1993年。

3.《习近平谈治国理政》(第一卷),外文出版社,2018年。

4.《习近平关于科技创新论述摘编》,中央文献出版社,2016年。

5.《习近平总书记系列重要讲话读本》,学习出版社、人民出版社,2016年。

6.《安徽蓝皮书:安徽社会发展报告2016》,社会科学文献出版社,2016年。

7.胡鞍钢、鄢一龙:《中国新理念:五大发展》,浙江人民出版社,2016年。

8.蒋晓岚、孔令刚:《技术创新与工业结构升级——基于安徽的实证研究》,合肥工业大学出版社,2008年。

9.柳卸林、高太山:《中国区域创新能力报告2014》,知识产权出版社,2014年。

10.《全面小康热点面对面》,学习出版社,2016年。

11.覃成林:《中国区域经济差异研究》,中国经济出版社,1997年。

12.《五大发展理念——创新 协调 绿色 开放 共享》，中央党校出版社，2016年。

13.《"五大发展理念"解读》，人民出版社，2015年。

14.《政治体制改革资料选编》，南京大学出版社，1987年。

15.〔英〕爱德华·泰勒:《原始文化》，连树声译，上海文艺出版社，1992年。

16.《中国发展新理念——学习贯彻党的十八届五中全会精神》，新华出版社，2015年。

17.中国科技发展战略研究小组、中国科学院大学中国创新创业管理研究中心:《中国区域创新能力评价报告2018》，科学技术文献出版社，2018年。

18.中国科技发展战略研究小组、中国科学院大学中国创新创业管理研究中心:《中国区域创新能力评价报告2019》，科学技术文献出版社，2019年。

19.中国科技发展战略研究小组、中国科学院大学中国创新创业管理研究中心:《中国区域创新能力评价报告2015》，科学技术文献出版社，2015年。

二、期刊文章

1.《习近平在中共中央政治局第二十八次集体学习时强调：立足我国国情和我国发展实践,发展当代中国马克思主义政治经济学》，《人民日报》，2015年11月25日。

2.白以娟:《社会主义民主与政治文明》，《丹东师专学报》，2003年第6期。

3.程恩富:《论新常态下的五大发展理念》，《南京财经大学学报》，2016年第1期。

4.褚斌:《安徽外出流动人口分析》，《中国统计》，2013年第4期。

5.戴维来:《打造内陆开放新高地的安徽路径》，《安徽日报》，2016年9月19日。

6.董昊:《安徽省区域经济差异及其协调问题的研究》,《青年科学:教师版》,2014年第5期。

7.丰志培、刘志迎:《经济升级版背景下的产业升级路径与对策——以安徽为例》,《江淮论坛》,2014年第4期。

8.高莉莉:《安徽省投资效率分析》,《现代商贸工业》,2008年第12期。

9.辜胜阻、王敏、李洪斌:《转变经济发展方式的新方向与新动力》,《经济纵横》,2013年第2期。

10.管清友、张媛:《城镇化的中国路径》,《中国经济和信息化》,2013第3期。

11.郭励弘:《中国投融资体制改革的回顾与前瞻》,《经济社会体制比较》,2003年第5期。

12.郭万清:《创新崛起:安徽发展的经济学思考》,《安徽日报》,2014年6月16日。

13.何新春:《深化政府行政管理体制改革探析》,《江西社会科学》,2005年第2期。

14.胡鞍钢:《中国特色城镇化新在何处——"四化"同步破解"四元结构"》,《人民论坛》,2013年第4期。

15.胡维友、程德和、汤礼军:《安徽发展绿色印刷的SWOT分析及战略选择》,《合肥工业大学学报(社会科学版)》,2012年第6期。

16.李本和:《安徽对接长江经济带发展的新型城镇化战略》,《理论建设》,2015年第2期。

17.李锦斌:《努力闯出五大发展美好安徽新路》,《人民日报》,2017年8月21日。

18.李钧鹏:《安徽农村老龄人口的生活质量:对主观评测数据的分析》,《西北人口》,2011年第3期。

19.李云:《城镇化、工业化、信息化与农业现代化包容性发展研究——以安徽省为例》,《长江大学学报》,2015年第4期。

20.林剑杰、杜生权:《农村基层民主政治建设存在的问题及其对策建议》,《长春工程学院学报(社会科学版)》,2011年第4期。

21.罗成翼、代艳丽、黄秋生:《创新 协调 绿色 开放 共享——中国共产党对发展规律的新认识》,《南华大学学报(社会科学版)》,2015年第6期。

22.毛其淋、许家云:《政府补贴对企业新产品创新的影响——基于补贴强度"适度区间"的视角》,《中国工业经济》,2015年第6期。

23.倪大兵:《安徽开放型经济发展面临的制约因素及对策研究》,《阜阳师范学院学报(社会科学版)》,2014年第3期。

24.彭刚、李霞:《决战极端贫困:中国的共享发展之路》,《人民论坛·学术前沿》,2016年第3期。

25.盛楠:《安徽省区域经济差异与协调发展研究》,《科技与产业》,2013年第7期。

26.宋宏:《安徽经济提升开放发展水平的思路》,《安徽日报》,2017年1月4日。

27.王成吉、王娟、王菁:《促进工业化、信息化、城镇化、农业现代化同步发展》,《理论建设》,2013年第4期。

28.王成周:《农业生态庄园助推安徽绿色发展——基于肥西、舒城、金安、裕安等地的调查与思考》,《农民致富之友》,2014年第24期。

29.王惠岩:《建设社会主义政治文明》,《文史哲》,2002年第6期。

30.王金平:《我国知识产权保护现状及应对策略》,《中国报业》,2015年第11期。

31.王仁文、宋伟:《泛长三角地区绿色经济效率评价与排序研究》,《科技管理研究》，2014年第6期。

32.王秀芳：《关于加快安徽开放型经济发展的几点思考》，《华东经济管理》，2001年第4期。

33.王振华：《好风凭借力 扬帆正当时——安徽省开放发展述评》，《江淮》，2012年第2期。

34.吴亚伟：《安徽区域经济发展模式分析》，《城市建设理论研究(电子版)》，2013年第10期。

35.夏胜为：《绿色发展 托起美丽安徽》，《安徽日报》，2015年10月29日。

36.肖文清：《我国政治文明建设中的主要问题与对策》，《湖南师范大学社会科学学报》，2003年第9期。

37.邢华、胡汉辉：《中国经济转型中地方政府的角色转换》，《中国软科学》，2003年第8 期。

38.徐大伟、段姗姗、刘春燕：《"三化"同步发展的内在机制与互动关系研究——基于协同学和机制设计理论》，《农业经济问题》，2012年第2期。

39.徐瑄：《视阈融合下的知识产权诠释》，《中国社会科学》，2011年第5期。

40.杨柳：《习近平开放发展理念与中国开放道路的总结展望》，《探索》，2016年第5期。

41.杨志江、罗掌华：《我国科技经费投入与经济增长的协整分析》，《科学管理研究》，2010年第4期。

42.余明江：《人才强省与人才发展双向过滤模型探析——基于安徽省人口第六次人口普查资料的研究》，《合肥师范学院学报》，2014年第2期。

43.余盼、田飞：《安徽人口的流动预期时间分析》，《人口与社会》，2015年第3期。

44.张弘、陈泰：《产学研合作：安徽创新发展的原动力》，《安徽科技》，

2011年第6期。

45.赵淑芳:《安徽绿色物流发展路径探索》,《重庆与世界(学术版)》,2013年第6期。

46.中央党校中国特色社会主义理论体系研究中心:《正确理解如期全面建成小康社会》,《求是》,2015年第9期。

47.朱军文、沈悦青:《我国省级政府海外人才引进政策的现状、问题与建议》,《上海交通大学学报(哲学社会科学版)》,2013年第1期。

后　记

　　呈现在大家面前的这本小书是2015年安徽省社会科学普及规划项目"话说五大发展理念——以安徽经济社会发展为例"（DZ2015001）的研究成果。非常感谢安徽省社科联的信任和支持，给予了我们这么好的一个学习研究党的新发展理念的机会。项目获批后，项目组多次召开会议，研讨交流研究工作进展情况。经过一年多的努力，项目研究任务基本完成。

　　本书是集体智慧的结晶。项目组成员都贡献了自己的智慧和力量。各章作者分别是：导论由朱宗友撰写；第一章《加速崛起奔小康：创新是引领安徽发展的第一动力》由董明撰写；第二章《城乡协同展辉煌：协调是安徽持续健康发展的内在要求》由范守勋、杨军撰写；第三章《大江南北美如画：绿色是安徽永续发展的必要条件》由李全文、赵永明撰写；第四章《皖江畅通达四海：开放是安徽繁荣发展的必由之路》由刘张飞撰写；第五章《增进福祉惠民生：共享是安徽科学发展的目的要求》由郝海洪、吴磊撰写；结语由朱振辉撰写。程永生、马玉海、王继云、徐涛参与了项目研讨。全书由朱宗友拟订提纲，并进行统稿；朱振辉对提纲提出了宝贵的建设性意见，亦参与了统稿工作。博士生周虎、硕士生刘凯参与了书稿修改工作。

天津人民出版社武建臣编辑,为本书的出版做了大量的工作,在此表示诚挚谢意!

本书在写作过程中,参阅了众多专家学者的研究成果,以及研究机构的珍贵资料,我们尽可能在参考文献中列出,借此后记表示衷心感谢!

由于水平所限,书中难免会有缺陷,敬请专家学者和广大读者朋友批评指正。

作 者

2019年12月30日